Para nuest
queridos amigos que cuanto
más lejos, más cerca están...
los re - queeeee...

EL ATROZ ENCANTO
DE SER ARGENTINOS

con todo nuestro ♡

Lili, Vito
y Co.

I love you
Lili ♡
2-1-02.

MARCOS AGUINIS

El atroz encanto
de ser argentinos

 Planeta

Diseño de cubierta: Mario Blanco y María Inés Linares
Diseño de interior: Orestes Pantelides

© 2001 Marcos Aguinis

Derechos exclusivos de edición en castellano
reservados para todo el mundo:
© 2001 Grupo Editorial Planeta S.A.I.C.
Independencia 1668, 1100 Buenos Aires

Cuarta edición: junio de 2001

ISBN 950-49-0775-X

Hecho el depósito que prevé la ley 11.723
Impreso en la Argentina

Capítulo I
Conflictos agridulces

Hace algunos años escribí *Un país de novela*, cuyo subtítulo era *Viaje hacia la mentalidad de los argentinos*. Incorporé como epígrafe una elocuente afirmación de Enrique Santos Discépolo que decía: "El nuestro es un país que tiene que salir de gira"… Nos habíamos convertido en un espectáculo. Nuestros éxitos y fracasos eran motivo de extrañeza, podíamos provocar lágrimas y carcajadas. Asombro. También admiración, curiosidad, odio.

De entrada confesé que las ideas me venían persiguiendo de manera implacable, interferían mis otros trabajos, trastornaban mis sueños y se convertían en un huésped de plomo. Escribir ese libro me generó un doloroso placer, lo cual favorecía la atmósfera de disparar verdades a menudo hirientes o buscar interpretaciones a menudo esquivas.

Era una aventura plagada de flancos vulnerables, por cierto. Me impulsaba el ansia de entender al pueblo argentino (entenderme a mí mismo, como parte de este pueblo). Utilizaba el género ensayo –consagrado por Miguel de Montaigne– porque era el que me permitía verter mi subjetividad sin la mediación de personajes, como ocurre en la ficción. Esto llevó a que Bernardo Ezequiel Koremblit dijese que "el ensayo *Un país de novela* podía haber sido una novela llamada *Un país de ensayo*", lo cual no hubiese estado lejos de la realidad.

Ahora me monto sobre lo mismo, pero dispuesto a dar otra vuelta de tuerca, apasionado, alerta, y con toques de humor. Quiero aplicarle a la situación un pellizco enérgico y actual.

La poeta Esther de Izaguirre descubrió que yo, sin darme cuenta, invento títulos paradójicos para la mayoría de mis obras. Me dejó turbado, pero luego reconocí que era verdad. El del presente libro lo ratifica. ¿Cómo puede ser *atroz* un *encanto*? ¿Cómo pueden asociarse elementos tan contradictorios? Pues en algo así –contradictoria, masoquista y atormentada– se ha convertido la condición argentina. Nos emociona ser argentinos y también sufrimos por ello. Nos gusta, pero ¡qué difícil es! En los últimos tiempos se ha elevado a rango de deporte nacional quejarnos en forma perpetua, mucho más que en los años en que el sufriente tango atravesaba sus avenidas de oro. Suspiramos, maldecimos, protestamos, analizamos... y, no obstante, seguimos queriendo a este país terrible.

¿Terrible, dije? Sí, terrible. Un país que recibió oleadas de inmigrantes y se había convertido en El Dorado de media Europa, ahora expulsa gente que se va por no conseguir trabajo. ¿Cómo se llegó a esto? ¿Cómo pudo convertirse en terrible un país henchido de riquezas, alejado de los grandes conflictos mundiales, donde casi no hay terremotos ni ciclones? ¿Por qué es terrible un país donde su población carece de conflictos raciales estructurales, no supo de hambrunas ni de guerras devastadoras? ¿Por qué es terrible un país habitado por gente cuyo nivel cultural y cuyas reservas morales –pese a todo– siguen siendo vastas?

Nos duele la Argentina y su pueblo. Por eso es atroz nuestro querer.

Hasta hace apenas medio siglo figuraba entre los países más ricos del mundo y su presupuesto educativo era tan grande que equivalía a la suma de los presupuestos educativos del resto de América latina. Gestó científicos, artistas, escritores, deportistas, humoristas, héroes y políticos trascendentales. Estuvo a la vanguardia del arte y de la moda. Absorbía como esponja lo mejor del mundo.

Sin embargo, ahora nuestra república parece extraviada. Peor aún: ajada, maltratada y al borde de la agonía. Se tiene la sensación de que se ha deslizado a un laberinto donde reina la penumbra. En varias oportunidades empezamos a correr con la esperanza de encontrar la salida redentora. Los pórticos tenían colores diversos y hasta antagónicos en algunos casos. En cada oportunidad avanzamos felices, ahítos de esperanzas, encendidos por las expectativas que blasonaba la dirigencia de turno, hasta que nos dábamos de narices. Y buscábamos entonces otra ruta, pero sumando la fatiga de anteriores fracasos. Sentimos que nos asfixiamos dentro de ese laberinto en cuyas hondas cavernas estamos metidos hasta las verijas. Todo laberinto, no obstante, tiene una salida. Eso no se cuestiona. Pero cuesta llegar a ella.

No aflojemos en el intento.

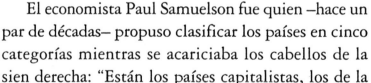

El economista Paul Samuelson fue quien –hace un par de décadas– propuso clasificar los países en cinco categorías mientras se acariciaba los cabellos de la sien derecha: "Están los países capitalistas, los de la órbita socialista y los del muy heterogéneo Tercer Mundo; pero eso no es suficiente, porque en realidad son cinco los sistemas: hay dos países más a tener en cuenta en forma separada: Japón y la Argentina. ¿Por qué? Y, porque no calzan en ninguna sistematización. Son tan peculiares y tan impredecibles que deben ser ubicados aparte".

Luego se difundió una actualización que los reducía a cuatro tipos: los opulentos, los miserables, Japón y la Argentina. Cualquiera sabe qué es un país opulento y qué es uno miserable. En cambio pocos saben por qué a Japón le ha ido tan bien y a la Argentina le va tan mal.

La palabra "Argentina", sin embargo, tiene magia. O quizás simplemente truco. Desde chiquitos nos han enseñado que significa plata, nada menos (del latín *argentum*). En nuestro lenguaje cotidiano hemos decidido llamar *plata* al dinero. No debe ser una casualidad. En consecuencia, aparecieron las contundentes derivaciones: un individuo adinerado, más que adinerado (la palabra suena débil) es un *platudo. Plata* evoca la riqueza, la infinita riqueza que afiebraba la ambición de navegantes y conquistadores. Cuando chiquitos también nos enseñaron muchas banalidades acerca de sus hazañas, por ejemplo que vinieron con la cruz, la espada y los caballos; pero no nos dijeron que traían perros de largos colmillos, la codicia en ristre y las vergas en erección. Que hicieron el bien e hicieron el mal. En aquellos tiempos circularon muchas leyendas alocadas; una se refería a la Ciudad de los Césares, donde las calles habían sido pavimentadas con oro y los muros, con joyas. El delirio se expandió como un incendio e incontables corazones se consumieron en la vana búsqueda. Ni siquiera antes de morir captaron la magnitud del cepo: la *plata* (el *argentum*) que anhelaban existía, pero no era real, sino maravillosamente poética.

Plata, *argentum*. El "atroz encanto" de morir por ella.

Su obsesión determinó que aplicasen la palabra *plata* a un Mar Dulce que ni siquiera era mar, sino río. Para colmo, el río más ancho e inútil del universo. Le atribuyeron el color de la plata, inexistente, porque habían enloquecido. Hasta decidieron llamarlo *Río de la Plata.* El nombre se impuso aunque nunca tuvo el color de ese metal, excepto cuando riela la luna o encandila el sol, situaciones que no son exclusivas, por supuesto. Borges prefería asimilar el indefinible matiz de sus ondas a la piel de los leones; muchos lo identificaron con un aguado chocolate y yo lo veo color dulce de leche (cuando tengo apetito). A veces es más claro, a veces más oscuro, a veces liso y apacible, a veces encrespado por las sudestadas; pero el Río de la Plata no tiene color de plata. No obstante, así quedó fijado su nombre y el del país al que apenas baña. Para colmo, ni siquiera la ciudad de Buenos Aires, cuya ribera tanto le debe, creció mirándolo: hasta hace poco se solía decir que le daba la espalda.

En fin, paradojas, malentendidos y alucinaciones. Nunca faltaron, desde la alborada misma de nuestra nacionalidad.

Pero hasta que el país se empezó a llamar Argentina en forma unánime, tuvieron que correr siglos. La brillante palabreja se filtraba por doquier, como un duende travieso. En documentos tan arcaicos como un Capítulo General de la orden Franciscana celebrado en Valladolid durante 1565, ya se habló de

Civitas Argentea y *Urbis Argentea* (la obsesión por la plata no daba respiro ni siquiera en la más humilde de las órdenes religiosas). Ya se incubaban los sonoros vocablos que vendrían después, como *Argentópolis* y *Argyrópolis*. Un buen día el poeta Martín del Barco Centenera estrujó sus neuronas y vertió de manera trascendental la definitiva, bella y melodiosa palabra, henchida de promesa, afecto y trampa: *Argentina*. Y quedó para siempre.

Aquí estamos, pues.

Al tantear con la desconfiada punta del pie el umbral del tercer milenio, oteamos en derredor con ansiedad. No sabemos qué nos espera. Estamos llenos de cicatrices que hablan de frustraciones en serie. Para colmo, nos deprimimos y nos exaltamos con facilidad. Nos reconocemos ciclotímicos. Cada día es dramático, muy dramático: porque llueve, o hace calor, o hay sequía, o se produjeron inundaciones, o estalló otro escándalo financiero, o hubo un crimen pasional o se insinúan temblores políticos en la casa de gobierno. Cuando algo de eso no pasa, lo cual es raro, abundan periodistas que husmean cuanta noticia intrascendente pueda subirse al sagrado altar del chisme para, de esa forma, sacudir la modorra.

Acuñamos la frase "me río por no llorar".

Sin embargo, amamos la Argentina. Manoteamos

contra el pesimismo que tiene razones de peso y, desde el fondo del corazón, anhelamos que este país no se malogre. Apostamos a su restablecimiento. Cada buena noticia es un alivio y cada mala duele como sal en la herida abierta. Aún creemos que habrá una recuperación objetiva.

Pero barruntamos, eso sí, que hará falta restablecer la mentalidad prometeica que existió apenas un siglo atrás: la de hombres y mujeres dispuestos a torcer la voluntad de los dioses, si era necesario, para arrancarles la escamoteada felicidad. Argentina era un país donde criollos e inmigrantes produjeron milagros. Mi padre, cuando desembarcó en Buenos Aires, trabajó de estibador en Dock Sud, luego constituyó una familia digna, luchó con tenacidad y decencia, y logró finalmente que sus dos hijos terminasen las carreras universitarias que él no pudo cursar. Como mi padre hubo centenares de miles. Verdaderos titanes anónimos. Ese modelo debería volver a predominar.

Para que las reservas culturales, morales y creativas que aún conserva la Argentina tomen de nuevo la delantera, debemos hablar con transparencia, formular críticas sensatas y observar con atención la realidad local y universal.

No estamos aislados del mundo y nunca lo estuvimos. A veces, cegados por éxitos o derrotas, fuimos tentados a creer que nos pasaba sólo a nosotros. Otras veces, contaminados por una atmósfera paranoide o irresponsable, atribuimos los males al maligno poder foráneo. No es verdad absoluta ni lo uno ni lo otro. Los argentinos estamos cruzados por herencias y visiones que, además de generar tensión, producen conflicto. Nos cuesta integrar lo mucho que tenemos y sabemos. Quizás ese conflicto genera el *atroz encanto* de nuestra identidad. Vamos a intentar explorarlo a fin de adquirir los conocimientos que nos faciliten un cambio verdadero. *Y lo haremos aunque debamos soltar amarguras, ironías y humor.* En cualquier orden.

Otra reflexión. Sabemos que el modelo socialista soviético fue traición, tragedia y fracaso, pero algunas producciones de Karl Marx siguen mereciendo estima. En su célebre y muy citada undécima tesis sobre Feuerbach dijo que los filósofos se habían dedicado a interpretar el mundo, pero de lo que se trataba a partir de entonces era transformarlo. Por un lado reconocía que era posible entender la historia; por el otro, que también era posible mejorarla. Su postura calzaba en lo que se llamó *modernidad* y choca ahora con la presente *posmodernidad*. La posmodernidad, en efecto, sostiene lo contrario: el hombre es un ser pasivo, y la historia un magma indescifrable. Es decir, el hombre es para la posmodernidad un miserable y congénito impotente que jamás logrará hacer nada trascendental por propia decisión. La capacidad de actuar y la de entender eran ilusiones, apasionadas por cierto, pero ilusiones.

Desde luego que disentimos. La vida merece ser

vivida porque existen las pasiones, porque el ser humano es sujeto y puede decidir. No siempre las condiciones favorecen su libertad, pero siempre hay márgenes conquistables. La cacareada *posmo* es un requiebro. La historia será mejorada aunque —como dice Deutsch— parezca la marcha de un borracho. En gran medida, somos sus autores más importantes. El pensamiento crítico es imprescindible para entender, y sólo entendiendo se puede actuar con lógica. José Pablo Feinmann escribió que muchos intereses le tienen miedo a la *actitud existencial* que genera el pensamiento crítico. Entonces, para desacreditarlo, anuncian la muerte de la historia, de las ideologías y también de las ideas. Nosotros, en cambio, las seguiremos removiendo, porque respiran y nutren.

La Argentina —este país lleno de *plata*— suscitó la curiosidad de muchas celebridades. Hubo una multitud de visitas en torno a los festejos del Centenario, por 1910, pero también antes y después de esa ocasión, en la que se había decidido tirar la casa por la ventana. Algunas observaciones arrojadas entonces impresionan por su agudeza. He seleccionado las muy duras, porque llegan al hueso y arriesgan diagnósticos admirables.

En esos tiempos la Argentina figuraba entre los diez países más ricos del globo. Su opulencia contrastaba con nuestra mentalidad. Ya aparecía, diabólica, una terrible contradicción. El cómico mexicano Cantinflas (Mario Moreno) lo sintetizó en una frase brutal: "La Argentina está compuesta por millones de habitantes que quieren hundirla, pero no lo logran". Algo parecido dijo Albert Einstein cuando nos visitó en 1925: "¿Cómo puede progresar un país tan desorganizado?". Su mente científica no lograba descifrar el misterio: por una parte crecía una descomunal riqueza y por la otra era perpetuo el caos administrativo, político y fiscal.

Podríamos suponer que tanto Cantinflas como Einstein no eran expertos, que no habían estudiado sociología ni ciencias económicas, y sus observaciones procedían de una cuestionable subjetividad. Pero opinó lo mismo alguien que no podía ser tachado de impericia. Me refiero a Gastón Jeze, uno de los administrativistas más prestigiosos de Europa, quien vertió sus opiniones en el libro *Las finanzas públicas de la República Argentina*, traducido al castellano en 1923. Su rotunda conclusión nos pone redondos los ojos: "existe una profunda y radical oposición y contraste entre la prosperidad económica y el desarreglo de las finanzas públicas". También denunció que, mientras la riqueza económica nacional crecía en forma prodigiosa, "la situación de la hacienda pública es malísima, porque está en déficit permanente".

Para las fiestas del Centenario no se mezquinaron invitaciones a cuanta figura destacada transitara el planeta, porque era obvia la intención de exhibir el paraíso en que se había convertido la Argentina. Estábamos agrandados. La *plata* soñada se trocaba en dinero contante y sonante. El mito helénico de que bastaba acariciar algo para convertirlo en oro se había hecho realidad. "En la Argentina se escupe y nace una flor"; "Aquí no se enriquece el que no quiere". Eran frases arrogantes que se siguieron repitiendo hasta ayer nomás. Que generaban orgullo y, en algunos individuos, insoportable petulancia.

Entre los ilustres huéspedes figuró la rellenita Infanta Isabel. Para que su delicada nariz no fuese afectada por el mal olor de las bestias, fueron erradicados los circos de Buenos Aires. ¡Qué sofisticación! ¡Qué cuidado con los detalles de la elegancia! Muy argentino, sí... Porque se pensaba en todo, menos en que los años de las vacas gordas podían ser seguidos por los años de las vacas flacas. Una exclamación popular lo describía a la perfección: "¡Viva la Pepa!".

Jorge Vanossi recuperó el libro *L'Argentina*, escrito por otro invitado ilustre —pero sin la refinada nariz de la Infanta— llamado G. Bevione, publicado en Turín a poco de su regreso, en 1911. En aquella era de bonanza y derroche señaló que se dilapidaba el dinero público, que existía una arraigada corruptela política y que no funcionaba la justicia. Mirando desde nuestro actual atalaya, reconocemos en esas frases una alarma que nadie quiso escuchar. La disfunción ya marchaba al galope y acabaría arruinando lo que entonces simulaba ser el edén.

El autor se preguntaba sobre los problemas de fondo y daba pistas inequívocas. Vio reptar serpientes que segregaban el veneno de la corrupción. Vio la dilapidación irresponsable de los dineros públicos con fines demagógicos o simplemente exhibicionistas. Registró que el costo de los servicios públicos –¡ya en 1910!– doblaba el costo de los mismos servicios en una ciudad como Londres. Denunció la creciente burocracia y el clientelismo electoral, tanto en el nivel nacional como en las provincias, con un incesante engorde del empleo público estéril. Le asombró la voracidad que tenía la gente por recibir pensiones del erario público, como si se tratase de un derecho natural. Tampoco faltó su crítica a las sempiternas fallas de la justicia: la mala fama de los jueces de provincia determinaba que nadie quisiera acudir a ellos. Una de sus frases tiene carácter lapidario: la Argentina es "un país donde el poder judicial no tiene independencia y el poder ejecutivo no tiene frenos".

Si se levantase de la tumba, quedaría atónito al comprobar el afinamiento de su puntería. Dio en el blanco en todo lo que dijo. No sólo para 1910, sino para el futuro. Lo que entonces asomaba se volvió intenso y acabó por anegar la riqueza argentina.

Bevione también se refirió a otros aspectos. Le impresionó la incontinencia arquitectónica de Buenos Aires, con tendencia a la fastuosidad y la hipérbole. Por doquier surgían palacios, enormes teatros, costosos monumentos, y se querían tender avenidas, diagonales y parques igual que en París.

La abundancia tenía una contracara ominosa, por lo menos para la clase dirigente: "No hagas hoy lo que puedas hacer mañana", advirtió Bevione que se decía entonces. El ocio y la irresponsabilidad eran, ya en esa época, moneda corriente. Igual que la tendencia a la improvisación. Parecía que todo, siempre, andaría bien. Solo. Por decisión del cielo.

Las meritorias páginas de ese italiano pueden completarse con otras observaciones emitidas antes y después, que también duelen, y también sirven.

Charles Darwin, por ejemplo, cuando realizó su histórico viaje en la corbeta *Beagle*, tuvo ocasión de recorrer una limitada porción de nuestra tierra en el año 1833. Le alcanzó para detectar cómo imperaba el soborno, y sus palabras constituyen una prueba de cuán lejos calan las raíces de la corrupción. También fue impresionado por la extraña solidaridad que se tenía con el delincuente, como si hubiese una subterránea identificación del ciudadano común y los que violan la ley. "Los habitantes respetables del país ayudan invariablemente al delincuente a escapar; parecería que piensan que el hombre ha pecado contra el gobierno y no contra el pueblo." Ese párrafo da cuenta del microbio de la impunidad, cuya ponzoña llega a nuestros días con una virulencia multiplicada. No se percibía entonces —ni se combate ahora—

el daño en cadena que produce la falta de sanción. Hay un sentimentalismo distorsionado, irresponsabilidad e inmadurez; todo junto.

Se atribuye al periodista y político Georges Clemenceau una reflexión ofensiva, pero válida: "Argentina crece gracias a que sus políticos y gobernantes dejan de robar cuando duermen". Más adelante aparecieron variaciones sobre el mismo tema: "el país es destruido de día y se repone de noche".

Sin embargo, pese al esplendor, la riqueza y una constante burla a la justicia, no aparecíamos alegres ante los ojos de los observadores extranjeros. Derrochábamos con frenesí y nos emulábamos en las fanfarronadas. Pero bajo la piel, o reflejado en los ojos, se notaba la tristeza. ¿Quizás una premonición del castigo que vendría apenas unas décadas después? Hubo un intento de explicación atribuido al conde Keyserling, entonces un personaje mimado por nobles y plebeyos. Sostenía que el argentino no sabe divertirse. Que canta poco y baila a ritmo cansado. Supuso que la pampa había penetrado en el alma de las grandes urbes. Su extensión infinita y melancólica, consolidada de invariable chatura, debía generar depresión. Keyserling escandalizó la pacatería de su época al afirmar que el argentino es un animal triste, como sucede en el poscoito.

Por otro lado, la arrogancia argentina, que derivaba de una fecundidad enorme, ocultaba cosas lamentables. Para empezar, no todos los habitantes eran ricos. Y los defectos abundaban pese a que también existían virtudes. Las virtudes eran notables, pero los defectos terminaron siendo tan poderosos que hundieron a las virtudes bajo la corriente de sus aguas turbias. Dos españoles nos regalaron un par de inolvidables bofetadas.

José Ortega y Gasset nos frecuentó y estudió con interés. Se le atribuye haber exclamado "¡Argentinos, a las cosas!". No fue exactamente así, pero ese mandato se infiere de lo que publicó. Dijo que "el argentino tiende a resbalar sobre toda ocupación o destino concreto". En otras palabras, es superficial, apresurado, fantasmal. Se agita demasiado para lograr muy poco. Le falta precisión y tenacidad. No concreta.

Y dijo más: "es un frenético idealista: tiene puesta su vida en una cosa que no es él mismo, una idea o un ideal que tiene de sí mismo". Para Ortega el argentino típico no posee más vocación que la de ser el que imagina. Vive, pues, entregado, pero no entregado a una realidad, sino a una imagen. Es como si habitara dentro del personaje que imagina ser.

También disparó que estamos a la defensiva. Desconfiamos, carecemos de serenidad. En otras palabras, este filósofo percibió que no andaba bien la autoestima profunda. Por eso se suele resumir su pensamiento en aquella frase. Nos quería zangolotear para que dejásemos de vagar por las nubes. ¡Basta de perder el tiempo! "¡Argentinos, a las cosas!"

Más cruel fue el dramaturgo Jacinto Benavente. Había venido al país por primera vez en 1922 y recorría en ferrocarril las ciudades del interior junto a la actriz Lola Membrives. Cuando se detuvieron en Rufino ella bajó a recoger cartas y telegramas. En uno de los cables se anunciaba a Benavente que había ganado el Premio Nobel de Literatura. Lola Membrives compró una botella de champán y fue a despertar al escritor para celebrar la extraordinaria noticia. Benavente la recibió con calma y, contra lo que esperaba la actriz, decidió completar su gira antes de retornar a Europa.

En cada ciudad Jacinto Benavente fue interrogado sobre la Argentina. Era una obsesión develar el punto de vista de este extranjero que se había vuelto tan famoso, casi una visceral urgencia por recibir la confirmación de nuestra eterna buenaventura (como si en verdad no creyésemos en ella, tal como sospechaba Ortega y Gasset). Pero el español esquivaba contestar. Su recato, lejos de disminuir el acoso, lo aumentaba. Cuando llegó al puerto para embarcar, en el minuto previo al retiro de la escalerilla arreciaron las demandas. Entonces disparó un cañonazo: "Armen la única palabra posible con las letras que componen la palabra *argentino*". Benavente penetró en el barco y desapareció. Su figura ya no estaba a la vista cuando los que lo habían escuchado pudieron descifrar el acertijo. La única palabra que se construye con las letras de argentino es *ignorante*.

¡Un sablazo!

Capítulo II
Defectos que cuestan caro

Ya por entonces había escisión entre la riqueza y la mentalidad argentinas. La opulencia no era sentida por todos como segura ni eterna. En cada nación, por alienada que se halle, hay duendes que soplan la sensatez. Algo de sensatez trepaba desde el fondo del alma y decía que las cosas no eran consistentes. No sólo porque aún había pobres e ignorantes (como denunció Benavente), sino porque chocaban tradiciones que se resistían a conformar una síntesis.

En efecto, desde hacía rato preocupaba a las mentes lúcidas que no había una sola Argentina, sino dos. Y que entre ellas perduraba una tensión que había desencadenado y podía volver a desencadenar catástrofes.

Por una parte latía la tradición ibérica y por la otra la no ibérica (representada por el resto de Europa y los Estados Unidos). La primera bebía en la fuente colonial y rural; la segunda, en la Ilustración y el ámbito urbano. La tradición ibérica contenía elementos autoritarios, jerárquicos y conservadores. La no ibérica apostaba a la democracia, el progreso y los derechos individuales. La ibérica era fatalista, desdeñaba el trabajo físico y consideraba a la Corona (el gobierno o el caudillo) fuente de todos los bienes. La no ibérica promovía la iniciativa personal y las instituciones republicanas.

La Independencia, paradójicamente, favoreció a las dos tradiciones y produjo un refuerzo de la dicotomía urbano-rural. Los adversarios crecieron con fuerza parecida. Uno y otro apoyaron la emancipación como la mejor forma de consolidarse... a costa del oponente. Empezaron a llamarse unitarios y federales. El manantial no ibérico proveyó las instituciones y el ibérico, la noción de pertenencia.

Hasta ese momento la Argentina había sido una sociedad cerrada, elitista, autoritaria, rígidamente jerárquica y premoderna. Pero atravesada por los ramalazos subversivos del enciclopedismo europeo y las libertades de América del Norte. Éramos un caldero donde intentaban cocinarse juntos el viejo estatismo de la monarquía española, el anticlericalismo de Francia, el federalismo de los Estados Unidos y el *laissez faire* económico de Gran Bretaña. Demasiado.

En un comienzo tomó la delantera el partido no ibérico, el ilustrado (Moreno, Castelli, Belgrano, Rivadavia). Las guerras contra la metrópoli determinaron que se rechazara aquello que evocase la época del dominio español. Pero en las zonas rurales y muchas ciudades del interior, la herencia de tres siglos coloniales no pudo ser disuelta de la noche a la mañana por los modelos anglosajones y francés. Por eso, cuando el avance modernista (no ibérico) fue detenido por el gobierno de Rosas, se habló de *restauración*: la restauración de la atmósfera colonial.

La tradición ibérica empezó a ser conocida como la línea *nacional* y la no ibérica, como *liberal*. El esquema tiene sus ventajas y desventajas, igual que otros esquemas: aclara y encubre a la vez. Las palabras no siempre significan lo que parecen. Contradictoriamente, pertenecieron a la línea nacional figuras que amaban la Ilustración y a la liberal, patriotas que hicieron contribuciones fundamentales a la identidad argentina. El cordobés José María Paz fue unitario y el porteño Dorrego fue federal, por ejemplo. Después, la línea liberal, contra lo previsible, encabezó movimientos regresivos y hasta respaldó golpes de Estado (que se consumaban, hipócritamente, "para salvar la democracia"...). Y la nacional produjo errores de alto costo que significaron atraso y sufrimiento.

En general, la tradición ibérica prevaleció en el campo y a ella adscribió la clase terrateniente, pero esta clase hacía negocios con Gran Bretaña y cultivaba el refinamiento francés. Era propietaria de medio país, pero residía en palacios de la Capital Federal. Se decía nacional y a menudo actuaba como liberal. O se consideraba liberal y de liberal sólo tenía el nombre.

En fin, vemos que se cruzaban las líneas, como sucede hasta hoy. Muchos se desgañitan como fanáticos del movimiento popular, pero favorecen la polarización de la riqueza...

En conclusión, nos falta la síntesis. Que no es poca cosa. Recién entonces tendríamos un concepto de *nación* tan fuerte y claro que flamee por encima de los intereses parciales, corporativos y hasta abyectos que nos queman las mejores energías.

A diario hay conflictos que, en lugar de arrimar soluciones, las alejan. Hay protestas que no hacen más que daño. Se suceden acciones que incrementan el mal humor. Medidas desafortunadas que consolidan el pesimismo. Nos empujamos unos a otros, con tirria, movidos por la emoción violenta. Cada grupo piensa en su propia desgracia y no se detiene a reflexionar ni un minuto si lo que hace puede dañar algo que tenemos en común: la nación.

No se piensa en la nación. Se piensan y defienden los fragmentos subnacionales en que estamos divididos. Padecemos una guerra interna, singular y estúpida como casi todas las guerras. Nos infligimos un desgaste perpetuo. No tenemos la calidad de vida que deseamos, ni la eficiencia, ni la decencia, ni la seguridad tan necesarias porque nosotros, los mismos argentinos, fallamos en muchas cosas. No se trata de sentirnos culpables, sino de asumir el diagnóstico. Sólo si la sociedad asume en forma decidida y compacta el diagnóstico, estará más cerca de elegir buenos dirigentes y crear el clima de racionalidad, esfuerzo y esperanza que nos sacará adelante.

Nos cuesta reconocer que las trabas a nuestro progreso derivan, en primer lugar, de nosotros mismos. Que estamos afiebrados por vicios de profundo origen, que nos resistimos a la disciplina ciudadana y al altruismo social. Que la llave de las soluciones está en nuestras manos, no en poderes foráneos y conspirativos. Menos todavía en la arbitraria buena suerte. Viene al caso una anécdota de la Madre Teresa. Le dijeron que lo que hacía, con gran sacrificio, no era sino una gota de agua en el mar. Ella contestó que lo sabía, pero que si no realizaba su misión, al mar le faltaría esa gota.

¿Hemos mejorado nuestra mentalidad? No me refiero a los cambios que se producen en centurias, sino en décadas, en un tiempo relativamente breve. Insisto: ¿hemos mejorado nuestra mentalidad? Bueno, para ser franco, creo que sí. Digamos... un poco. Nos falta, pero reconozcamos que la tendencia se ha modificado. Para bien.

Venimos sufriendo desde que empezó la segunda mitad del siglo XX: ya vamos para la tercera generación de desgraciados. Si algo enseña en la vida es el sufrimiento. Ernesto Sabato, en un acceso de rabia, dijo que era insalubre ser argentino. Tato Bores lo expresó con ironía al asegurar que era tan insoportable nuestro padecer, que todo argentino merece ser indemnizado apenas nace...

Lo sabemos, lo repetimos, pero ¡qué le vamos a hacer! Seguimos encantados con nuestra retorcida pertenencia. Somos difíciles, a veces insoportables, a veces maravillosos. La mayor parte de la gente que se va al exterior por razones económicas o laborales, siente nostalgia por las veredas rotas y los cafés ensordecedores y las bromas pesadas y los generalizados gritos y el caótico tránsito y el clima y los contrastes y el chismerío y la mar en coche. Amamos, pese a todo, este país y este pueblo contradictorio con sus agridulces tradiciones y sus amargos defectos que —¡por fin!— se están haciendo más conscientes.

Digo *más* consciente (no *del todo* consciente) porque ya nos dimos cuenta de varias cosas: "nuestro destino de grandeza" es puro verso, Dios no es argentino y suena a disparate afirmar que la Argentina es el mejor país del mundo; también coincidimos en que fue horrible publicitar que "somos derechos y humanos". Este cambio refleja maduración. Nos reímos de nosotros mismos, lo cual era rechazado hasta hace poco debido a un sentimiento nacionalista parroquial. Incluso nos atrevemos a mirar la ropa interior de los inmaculados próceres. Hemos perdido empaque y ganado flexibilidad.

Pero... pero... Aún cargamos defectos. Horribles y gravosos defectos. Algunos vienen de lejos y han sido consolidados por la geografía y la historia. Por ejemplo, la cultura de la renta.

Tendemos a olvidarla debido al drama que significa la desocupación. Pero antes no había desocupación y abundaban los holgazanes que no querían trabajar. Les decíamos *vagos*. Vagos ricos y vagos pobres. Hasta hoy se usa en algunos sitios dicha palabra (Córdoba, verbigracia) como equivalente a che, joven, amigo, sujeto. *El vago se acercó a la mina y le dijo...* Durante la conquista y la etapa colonial los señores no trabajaban: explotaban a los indios, mestizos y negros mientras se dedicaban a las aventuras o el juego de azar. Después ganaron dinero mediante el contrabando. El reparto de la tierra no correspondió a méritos vinculados con su cultivo, sino a los lazos con el poder. La clase terrateniente usufructuó extensiones que regaba el cielo y donde bastaba dejar crecer solo al ganado. Uno era estanciero por herencia. Prefiguraron a los *sheiks* del petróleo, porque no se les ocurría reinvertir sus fortunas en el desarrollo del país. Como los *sheiks* ahora, se dedicaban a un lujo desenfrenado e irresponsable. El trabajo, el riesgo empresarial, la imaginación al servicio de la modernización y el progreso no entraban en sus cabezas. Eran otra versión del viejo hidalgo español: pura pinta al servicio de una hueca vanidad.

Cuando en los 30 entró en crisis el modelo agroexportador, no se les ocurrió sino ir a implorar en Londres que nos considerasen otra gema de la corona imperial británica. Estaban perdidos y desesperados. Se resistían a entender que en el mundo cambiaban las reglas y debían actualizar su política económica a toda máquina. Debían incorporar valor agregado a las carnes y cereales, lanzarse a la industrialización. Pero eso era terrible: significaba innovar, arriesgar, trabajar, disciplinarse. Mucho, mucho, tras tanta modorra y comodidad... Se agotaban con sólo pensar en ello. No hicieron nada. Se ataron a un conservadurismo suicida. Tenían odio al esfuerzo y amor a la especulación. Esto último —recordemos— había sido consolidado por las antiguas aficiones al contrabando y el juego de azar.

Desde niños nos enseñaron que la pampa húmeda fue una bendición, porque nos convirtió en el granero del mundo y generó la opulencia. Pero ahora podemos decir que también fue una maldición, porque amamantó dirigentes miopes y perezosos. Gozaron lo que gratuitamente ofrecía la tierra y quisieron seguir gozando de la misma forma, luego, con el Estado. La producción argentina pasó de una teta a la otra. Regía —rige— la malsana cultura de la renta, como dije antes. Sus protagonistas no corrieron para lograr su ascenso en forma independiente, sino prendidos con uñas y colmillos al erario público, al gobierno circunstancial, a los factores de poder.

Durante el Proceso se desencadenó una fiebre especuladora que contaminó como plaga bíblica hasta el último habitante del país: hubo gente que vendía su casa, su auto y hasta su moto para poner el dinero a interés; hasta los encargados de los edificios se convirtieron en financistas. Los productores no pudieron competir con la brusca apertura y la mayoría de ellos se dedicó a importar logrando jugosas diferencias. Millones contribuyeron a demoler lo poco que se había construido hasta entonces. Con matices más trágicos, se volvió a repetir en los 90. Sólo que ahora ya no podemos hablar de vagos.

La arrogancia argentina fue vergonzosa en los años de la llamada *plata dulce,* producto de una sobrevaluación de la moneda argentina y una desenfrenada especulación. Se nos identificaba en el extranjero por la voracidad compradora y una atropelladora soberbia en el trato. Dimos la imagen de gente ordinaria, irrespetuosa y ciega en cuanto al límite entre lo legal y lo ilegal. Eran tiempos de profunda escisión psicológica, de siniestros cruces entre el júbilo y la tragedia. Mientras algunos celebraban el Mundial de Fútbol organizado por la Junta Militar, otros lloraban el asalto a sus domicilios y la desaparición de sus familiares. La Argentina era una ruleta rusa en la que podía caer el menos sospechado y hacerse rico, de la noche a la mañana, el más audaz. Nuestro equilibrio mental sufrió un traumatismo profundo.

Al mismo tiempo modelamos un nuevo estereotipo de argentino. Ya no éramos los ricachones que viajaban a París a tirar manteca al techo, ni los intelectuales que daban cátedra en la Sorbona, ni los profesionales que se disputaban hospitales y laboratorios de Europa y los Estados Unidos. Éramos los *chantas*. Gente chabacana y ruin. Que exageraba, estafaba, mentía y despreciaba. El prestigio edificado por la generación de 1880 y el faro encendido por la Reforma Universitaria de 1918 cayeron en pedazos. Quien aparecía en su lugar era un individuo ventajero y poco confiable, que venía del fondo de nuestra historia con aires de hidalguía y cerebro de mosca. No supimos o no pudimos hacerlo desaparecer, porque retornaba —retorna— con demasiada fuerza.

Repito una y otra vez que es maravilloso ser argentino por lo mucho que atesora nuestro pueblo y nuestro país. Pero —también repito— es atroz. Apretemos los dientes y sigamos explorándonos. Tengo fundadas esperanzas de que a mediano plazo nos irá bien, que la Argentina tiene futuro. No terminaré este libro sin fundamentarlo.

Debemos asumir que el estereotipo argentino de los últimos años da vergüenza. Es el producto de vicios pertinaces. Hay que reconocerlo para estar en condiciones de conseguir su superación.

Es ilustrativa la siguiente anécdota.

Un argentino paseaba por una ciudad de España. Conducía un auto alquilado mientras hacía chistes sobre los gallegos. A toda velocidad pasó una luz roja. El motorista de la Guardia Civil lo persiguió, lo alcanzó, lo hizo detener y preguntó:

—Usted es argentino, ¿verdad?

—Sí, soy argentino. Pero ¿qué pasa, viejo? ¿Nada más que los argentinos pasamos con luz roja?

—Pues no. Pero sólo los argentinos ríen cuando lo hacen...

Es innegable que numerosos compatriotas se esmeran en cometer travesuras dentro y fuera del país que revelan un arraigado conflicto con la ley, falta de respeto hacia los demás, egoísmo, soberbia. En algunas partes nos hacen burla con cariño y en otras nos atacan con odio.

Hace poco recibí un texto que se difundía en forma anónima por correo electrónico y, pese a mi búsqueda, no conseguí localizar al autor. Es un proyecto de manual sobre *Cómo debe comportarse un auténtico argentino*. Entre ironías y cotidianas observaciones, dibuja un retrato que hace más atroz aún nuestro encanto de ser argentinos. Tiene cinco partes y dice así:

CONDUCIENDO:

Moleste sistemáticamente al que viene detrás; a la vez haga luces y toque bocinazos al de adelante. Usted es superveloz y nadie le puede ganar.

El uso indiscriminado de la bocina es capaz de disolver el tráfico de avenida Córdoba a las seis de la tarde.

La ley de la masa es válida. Por ejemplo, si usted viene circulando en una camioneta cuatro por cuatro y por la derecha aparece su "oponente" tripulando un pequeño Fiat, ¿quién tiene derecho de paso?... ¡Acertó!

Lea la nueva ley de tránsito: las bicicletas, ciclomotores y motos pueden circular como se les cante y en el sentido que se les cante; el casco puede ser llevado en el codo, para que los cabellos disfruten de la brisa.

El peatón tiene derecho a nada, pero cruza por donde quiere. Si usted tiene la cuota del seguro al día, píselo; eso le enseñará a respetarlo.

Las rayitas blancas en la esquina son para decorar el asfalto. No se sabe quién fue el irresponsable que les dijo a los peatones que deben cruzar por allí.

El auto de al lado es su enemigo mortal.

Los fabricantes de autos cometieron una total incoherencia: poner tres pedales cuando la gran mayoría de los conductores tiene sólo dos piernas. No se confunda: suprima el del medio.

Encender las luces intermitentes (balizas) lo habilita para hacer cualquier cosa que se le ocurra. No colocarlas, también.

La luz roja del semáforo indica ¡peligro! Entonces acelere a fondo y sálgase de allí cuanto antes.

Las ambulancias, los bomberos y la policía pueden esperar. Nadie en el universo tiene tanta necesidad de llegar a destino como usted.

EN EL BAÑO PÚBLICO

No presione ningún botón, a ver si se ensucia o acalambra los dedos.

Se asume que en todos lados hay papel, jabón y secamanos, y que todo funciona a la perfección.

Use tooooodo el papel que quiera; el que lo sigue a usted no lo necesitará.

Arroje tooooodo ese papel al inodoro. La física moderna ha demostrado que se desintegra en el agua.

No olvide llevar un indeleble para escribir en puertas y paredes la primera estupidez que le venga a la cabeza. A otro más idiota le causará gracia.

EN LA VIDA COTIDIANA

Si llueve y tiene paraguas camine debajo de los techos y balcones. No vaya a ser cosa de que se le moje... el paraguas.

Si no tiene paraguas y se largó a llover, corra como un desesperado porque cuando alcance la velocidad del sonido la lluvia no lo mojará más.

Si en un negocio no encuentra la prenda que busca, no se impaciente: haga que el vendedor le exhiba todas las prendas, así se mantiene ágil y despierto en el trabajo.

Tómese un café o una gaseosa en el bar y no olvide dejar de propina cinco centavos. Las moneditas son útiles para el colectivo.

Si habla desde un teléfono público y el número al que llama da ocupado, insista de nuevo una y otra vez. Los que están esperando en la cola no tienen nada que hacer.

EN SU CASA

Si vive en el último piso no olvide, antes de tomar su ascensor, llamar a todos los demás ascensores, así los que están abajo y quieren subir tienen tiempo, mientras esperan, de reflexionar sobre lo que hicieron durante el día.

Si, por el contrario, vive en el primer piso, llame también a los ascensores, lo cual permitirá que su vecino del piso alto tenga tiempo extra para planificar sus actividades del día.

Saque la basura cuando quiera. Usted paga tantos impuestos que tiene derecho a esperar que haya agentes municipales listos para recogerla a cualquier hora.

Decir "buen día", "permiso", "disculpe" y "gracias" ya pasó de moda.

Las ventanas se inventaron para tener la casa limpia, sin la desgracia de acumular basura en tachos malolientes. Además, es muy, pero muy gracioso arrojar elementos contundentes desde la ventana o el balcón.

EN LA OFICINA

Tenga en cuenta que las cerraduras fueron creadas por un resentido social que quería inventar una prueba de ingenio.

Todo es de propiedad pública, aun las pertenencias de los que trabajan allí. ¿Se olvidó de comprar cigarrillos? No importa: siempre hay otro amable fumador al que no le cuesta nada sostenerle el vicio durante ocho o nueve horas.

Si usted fuma, cierre las ventanas, así el resto comparte el humo que producen sus generosas pitadas.

Los comentarios del tipo "qué mal te ves", "qué feo te queda" o "qué pelotudo sos" ayudan a fortalecer la autoestima de sus subordinados.

Es válido y saludable hacerle notar a una compañera que ha engordado.

Lo mismo vale para el compañero que se está quedando pelado.

Hable a los gritos, así lo oirán, respetarán y puede que alguno le conteste.

El encargado de la limpieza tiene mentalidad de sirviente. Ensucie a fondo, para que él disfrute cuando limpia la oficina y la deja brillante.

¿De dónde proviene esa personalidad antisocial, despectiva, arrogante y ventajera?

Empecemos por reconocer que millones de argentinos no son así: son solidarios, modestos, trabajadores y decentes. Rechazan a los que originaron y consolidaron ese repugnante estereotipo. Sufren su presencia y malsano rebumbio. La gente de bien los detesta; y esta gente de bien conforma el yacimiento de reservas morales que terminarán sacando a la Argentina del pozo (deseamos y esperamos).

Pero, otra vez pregunto: ¿de dónde nos llega el horrendo perfil que produce vergüenza?

Son muchas las raíces. Entre otras, vislumbro cierto tipo de individualismo malsano (hay varios y no son iguales).

En España y América latina predomina un individualismo que tiene desconfianza y extrañeza de las organizaciones impersonales, abstractas. En esos territorios ha imperado durante mucho tiempo una atmósfera de autoritarismo, fatalidad, dignidad (ambigua pero sonora) y machismo. El ser concreto frente a amenazas inefables. Un viejo adagio español decía "del rey abajo, ninguno". Rey es el caudillo, o el jefe o uno mismo. Este individualismo no es idéntico al que se desarrolló en las sociedades capitalistas anglosajonas.

El individualismo hispánico se apoya en el orgullo personal frente a los otros (o a costa de los otros). Oposición que no debe confundirse con competencia, porque la competencia significa reconocer reglas, como sucede en las competencias deportivas. Esta oposición, en cambio, no obliga al compromiso entre el derecho propio y el de los demás. Por ende, no contribuye a la estabilidad política ni social. Presenta resistencia a los engranajes de la democracia por la sencilla razón de que ésta impone reglas comunes, que van contra el sentimiento profundo que caracteriza al individualismo antisocial. A veces estas reglas son sentidas como un ataque al orgullo y suena más digno violarlas que someterse.

En los Estados Unidos, por el contrario, su famoso, criticado e intenso individualismo nutre de otra forma. No entra en contradicción con los límites impuestos por la ley. Esos límites son la garantía, precisamente, de los derechos individuales. La gente acepta la ley porque sabe que planea incluso por sobre la cabeza del más encumbrado. No hay rey ni caudillo que la modifique a su medida, sino representantes, administradores y empleados públicos sometidos a ella. Existen roles, no privilegios de cuna. También hay injusticias, desde luego; grandes y arraigadas injusticias, pero es viable llegar a un punto en que la ley se haga sentir.

En consecuencia, el individualismo de tradición hispánica tiende a desestabilizar, desintegrar, mientras que el otro tiende a asociar. En el primero la cooperación parece disminuir la libertad; en el segundo la refuerza. El individualismo hispánico inspira estructuras verticales y el anglosajón, horizontales. Este último pone el acento en las instituciones y los programas. En cambio el hispánico lo hace sobre las personas concretas, su seducción y carisma.

Las consecuencias van más lejos aún.

El individualismo verticalista fija la lealtad hacia un hombre, una lealtad que produce ceguera respecto a las fallas o traiciones que ese hombre comete. En cambio el otro individualismo favorece el sentimiento de comunidad y de nación, quedando los hombres en un segundo plano, como protagonistas circunstanciales, criticables.

En la Argentina se sedimentó el prejuicio de que ninguna medida pública es buena para todo el mundo (para la nación) y que sólo puede beneficiar a un grupo en detrimento de los restantes. Este particularismo bloquea el desarrollo de valores compartidos e impide superar la fragmentación que daña nuestra armonía social y nuestro progreso. Tendemos a desconfiar e incluso a sabotear. Por eso se volvió sublime la *intransigencia:* transigir es indigno, despreciable, impropio de machos. Curiosamente, el presidente Arturo Frondizi, que fue un lúcido estadista, encabezó el partido político que llevaba ese nombre y, desde su campaña hasta el fin de su accidentado gobierno, se la pasó transigiendo.

Simón Bolívar lo ha expresado con filo de bisturí: "En América no hay fe entre los hombres y sus naciones. Los tratados son papeles; las constituciones, libros; elecciones son combate; libertad, anarquía. Y la vida, un tormento".

En conclusión, predomina en nuestra mentalidad un individualismo poco fecundo, porque estimula una incesante hostilidad que impide acercar hombros y reconocer en el otro un modelo, un colega o un auxiliar. Tenemos dificultades serias para trabajar asociados. Lo ejemplifiqué en *Un país de novela* con un paralelo que suena a chiste, pero no lo es. Decía en ese libro que un norteamericano puede ser mediocre, dos trabajan bien y tres forman un espléndido equipo. En cambio un argentino puede ser brillante, dos trabajan mal y tres provocan el caos...

Contra ese temido caos, durante demasiado tiempo aparecieron las Fuerzas Armadas como la única institución capaz de unir los pedazos en que estaba dividido el país. Lo mismo ocurrió en las demás naciones de Amércia latina.

Ahora bien; no nos conformemos con este enfoque. Sólo pinta el origen de una faz, y el execrable estereotipo que condenamos posee muchas facetas. Las iremos descubriendo en las páginas que siguen. Y, tras conseguir el diagnóstico, sabremos que no todo está perdido. Tenemos reservas morales y tenemos delante de nuestras narices más oportunidades de las que aceptamos ver.

CAPÍTULO III
El turbio manantial

El tango interactuó con nuestra mentalidad; le dimos y nos dio: tics, filosofía, crítica, ironía, prejuicio y amarga belleza. Es un género musical, literario y para bailar nacido en las orillas del Río de la Plata, desde donde se expandió al mundo con la fuerza de un maremoto en los comienzos del siglo XX. Disputamos su origen con Uruguay, pero Uruguay y Argentina conformaron durante siglos un solo país y el debate no tiene mayor sentido. Convengamos que es rioplatense, porteño, y que se volvió tanto uruguayo como argentino. Quizás por nuestro mayor tamaño de país se lo empezó a llamar *tango argentino*.

Generó cultores que le proveyeron brillo y variedad. Modeló amplios retazos del alma colectiva con los sucesivos personajes que se formaban en el devenir nacional. Deambuló por los arrabales, ingresó en los salones, accedió a los filmes y conquistó el gusto de la gente como un hermano gemelo del jazz. Jazz y tango, en la primera mitad del siglo XX, tenían sabor a verdad. Ambos se levantaron del barro y de un dolor tan profundo que dejaba sin aliento.

Se expandió rápido y prevaleció junto al vals, el jazz y el bolero. Pero nunca dejó de ser un género reo y descarnado. Cada tanto amenazaba languidecer. Sus innovaciones fueron tomadas como síntomas del fin. La consagrada Guardia Vieja resistió a músicos profesionales como Osvaldo Fresedo y Osvaldo Pugliese. El cine sonoro le hizo competencia con los ritmos llegados del norte. Pero siguió vivito y coleando hasta alcanzar su auge por los años 40 y 50. En los 60 lo avasallaron el twist, el rock y la moda hippy. Se encogió a las dimensiones de los túrbidos comienzos y volvió a funcionar como un producto clandestino que sólo apreciaban los iniciados. Mientras en la superficie se decretaba su extinción, el tango sobrevivía en las meditabundas catacumbas gracias al empeño de músicos, cantores y danzarines trasnochados. Como detalle curioso de una gloria tirada al piso, se comentaba su inexplicable popularidad en Japón, las referencias en películas extranjeras y el aprecio que se ganaba un compositor en el exilio llamado Astor Piazzolla quien, se decía, no componía tangos de verdad.

Recién en los 80, asociado con la recuperación de la democracia, el tenaz género volvió a resurgir. Pero cambiado, estilizado. La ausencia de sol le había tersado la piel. No obstante, continuaba manteniendo una inconfundible originalidad, así como su sello rioplatense. Ahora es enseñado en ciudades grandes y pequeñas de remotos países, y muchos admiradores que ni siquiera captan su letra de insolente filosofía aterrizan en Buenos Aires para disfrutarlo de cerca, como si peregrinasen a un santuario. Hasta Hollywood volvió a respetarlo: Al Pacino lo baila en *Perfume de mujer*, Schwarzenegger en *Mentiras verdaderas* y, además, resuena en *La lista de Schindler* y en *12 monos*.

Aunque los argentinos ya no lo cantamos ni memorizamos con la fruición de otra época (casi dejamos de cantar), ni lo silbamos bajito con las manos en los bolsillos, ni lo bailamos con frecuencia y destreza (unos pocos, sin embargo, lo hacen mejor, estimulados por las acrobáticas coreografías que se han ganado la admiración de cinco continentes), el tango brinda elocuentes indicios sobre nuestra mentalidad. Sobre el atroz encanto de ser argentinos.

Expresa rencor, miedo, tristeza, picardía.

Nació en el arrabal maldito y peligroso. Arrabal fue el mítico Mar Dulce (donde los indios devoraron al navegante Juan Díaz de Solís, que lo descubrió). Arrabal fue la misma Buenos Aires, que a duras penas superaba su aislamiento con el negocio del contrabando. Arrabal fueron Montevideo, la pampa infinita y todo el lejano virreinato del Río de la Plata. Se abrió como flor maliciosa entre las brumas del delito y la barbarie, tras la muerte del gaucho, la desorientación de sus epígonos y el imparable aluvión inmigratorio.

Se lo considera un fruto híbrido, resultado de múltiples cruzas humanas, artísticas y emocionales. Por eso nos expresa: híbrida fue la Argentina desde que llegaron los españoles que eran, a su vez, los híbridos productos de una mezcla de celtas, visigodos, árabes y judíos. Hibridez sobre hibridez sobre hibridez.

El tango contiene desde sus orígenes el pueblo real, con sus variados ingredientes, tradiciones, desajustes, dramatismo, descontento, problemas, melancolía y sarcasmo. Es la grosera voz que refuta el amaneramiento artificial de las clases altas. Es la palabra procaz de una mayoría sumergida y despreciada, con aire de extinguidos candombes, remotas habaneras y el rasguido filosófico de los payadores. El tango, desde sus comienzos, expresa la tensión entre lo que se dice y sugiere, ironiza y llora, consuela y ríe.

Es el resultado de las poderosas alquimias que hicieron trepidar los alambiques de nuestro país. Al aporte local se agregó el potente catalizador que fueron las columnas de inmigrantes. El tango no hubiera sido lo que fue sin las contribuciones del dolor, las esperanzas y el talento de los que vinieron de afuera con una mano adelante y otra atrás. Se entretejieron tradiciones, ritmos y melodías.

Terminadas las guerras interiores, conquistado el desierto y alambrada la pampa, desapareció el centauro indomable llamado gaucho y nacieron sus hijos de poca alcurnia: el peón de estancia en el campo y el compadre y el compadrito en el arrabal. Las enormes extensiones que esperaban ser cultivadas requerían mano de obra y se aceptó la tesis de Juan Bautista Alberdi "gobernar es poblar". Pero es conveniente recordar que esta consigna no era nueva. Cuando se había iniciado el proceso de la Independencia los argentinos sumaban menos de un millón de personas. El país estaba vacío. Debe ser motivo de orgullo que, tan pronto como el 4 de septiembre de 1812, se firmó el primer decreto para el fomento de la inmigración; esa fecha se celebra ahora como el "Día del Inmigrante", aunque pocos saben por qué.

No hubo en América latina otro país tan decidido a recibir gente como el nuestro. En 1824 Bernardino Rivadavia creó una Comisión de Inmigración y destinó el antiguo convento de la Recoleta para albergar durante quince días a los recién llegados. En 1853 la flamante Constitución Nacional aseguró beneficios "para todos los hombres del mundo que quieran habitar el suelo argentino". En 1870 se inauguró el Asilo de Inmigrantes sobre la calle Corrientes, junto a los muelles. Y poco después Nicolás Avellaneda firmó la ley 817 de Inmigración y Colonización, por la cual los inmigrantes debían ser alojados durante unos días y ayudados a conseguir trabajo.

Funcionó una política impetuosa con infrecuente coherencia, pese a que abundaron irregularidades, estafas e injusticias motivadas por la especulación y los prejuicios.

De esa forma confluyeron los descendientes del gaucho y los recién llegados de Europa. Se tuvieron recíproca prevención. Al miedo lo encubrían con desdén, chistes o silencios. Tanto unos como otros cargaban frustraciones y nostalgias. El inmigrante desarraigado y el descendiente del gaucho muerto no sabían cómo descubrir que los unía el dolor. Ocultándose de miradas impertinentes, por ahí soltaban lagrimones sobre las piedras de su destino cruel.

El aluvión inmigratorio fue impresionante. A fines del siglo XIX y comienzos del XX, tanto en Europa como en Asia, antes de emprender el azaroso cruce de los océanos, resultaba indistinto que la proa de las naves enfilara hacia Nueva York o hacia Buenos Aires. Ambas ciudades repicaban a libertad y maravilla. En Nueva York aparecía la famosa estatua con las leyes en una mano y la antorcha en la otra; los inmigrantes desembarcaban en la Ellis Island, de donde no podían salir hasta aprobar ciertos exámenes e incluso una rigurosa cuarentena; no reinaba la completa felicidad, como lo atestiguó Chaplin en un filme que el senador McCarthy incluyó entre las "actividades antinorteamericanas". En Buenos Aires, en cambio, las escalerillas los hacían rodar hacia el Hotel de Inmigrantes, ubicado en tierra firme, y desde donde podían salir de inmediato para encontrarse con familiares o compatriotas, quienes los ayudaban a encontrar techo y trabajo. La hospitalidad y generosidad argentinas no eran sólo leyenda.

Hubo varios países de perfil inmigratorio, pero en ninguna otra parte el aluvión produjo un impacto tan intenso como en el nuestro. Debemos recordarlo y valorarlo. El balance con la población original sufrió un vuelco sin precedentes. Los Estados Unidos parecían el receptor más activo del planeta, pero allí, hacia 1914, había un extranjero y medio por cada diez habitantes, mientras que en la Argentina ya eran tres por cada diez: ¡el doble! Por eso es justa la broma de Octavio Paz, que dijo "los mexicanos descienden de los aztecas, los peruanos de los incas y los argentinos... de los barcos".

En ningún sitio fue pareja la distribución: muchos permanecieron en Nueva York y muchos en Buenos Aires, al extremo que llegó un punto en que la mitad de los habitantes porteños habían nacido al otro lado del mar. No sólo eso; como la mayoría de los inmigrantes eran varones, de cada tres hombres de Buenos Aires, ¡dos eran extranjeros! Semejante estado de cosas alarmó a los nacionalistas, que empezaron a temer una disolución de la identidad colectiva. Por las calles sonaban palabras extrañas, se fundaron diarios en otros idiomas y centenares de italianismos se incorporaron al lenguaje cotidiano. Algunas jergas, como el cocoliche, inspiraron a varios dramaturgos.

Gracias al principio del *jus solis*, los hijos de cualquier extranjero fueron desde su nacimiento ciudadanos con todas las plenipotencias. A ello también contribuía la educación común, obligatoria, laica y gratuita establecida por la ley 1420 y un ejército respetuoso de la Constitución, que no sólo ayudaba a conocer el país e integrarse con los demás habitantes, sino a proveer oficios para la salida laboral.

En pocas décadas se consumó una excelente amalgama. Las manifestaciones racistas, xenófobas o discriminatorias existieron siempre y algunas llegaron a producir catástrofes, como la Semana Trágica (1919) y el desarrollo de un fascismo vernáculo que hasta el presente continúa con sus andadas. Pero no hubo ni hay clima de guerra étnica o religiosa. Comunidades que en otras regiones del planeta combaten entre sí con odio inflamado, aquí conviven en armoniosa vecindad.

Estos inmigrantes fueron un notable ingrediente en las etapas de formación y expansión del tango. Venían con el alma ansiosa, pero desbordada de ilusiones. Habían partido por causa del hambre o la persecución sangrienta. En un alto porcentaje llegaron los varones solos para explorar el terreno y sentar las bases que permitieran traer a sus mujeres e hijos. Pero las dificultades múltiples, entre ellas la Primera Guerra Mundial, los dejaron incomunicados por años y dividieron familias. Se alteró el equilibrio demográfico en favor de los varones, que no tuvieron más alternativa que frecuentar lenocinios y allí soñar que abrazaban a una amada. Los lenocinios fueron el pesebre donde la nueva criatura —criatura innoble— llamada tango, recibió amparo y alimento.

No se debe olvidar el aporte del campo y la misteriosa pampa. El gaucho que ahora se elogia, pero ya había sido exterminado al crecer el tango, también le donó su alma. Ahora decimos gaucho con la boca llena de cariño; antes, con la boca llena de repulsión.

El gaucho es controversial. Desapareció por causa de las levas forzosas, su sistemática y a menudo injusta persecución, y el alambrado implacable de la llanura donde ejercía su libertad. Excepto algunos casos puntuales como los gauchos de Güemes, la sociedad de entonces los consideraba productos de la paternidad irresponsable y adictos a la violación de la ley. Entre las diversas etimologías que se disputan el mérito de haber gestado su nombre, parece que la más acertada —y dolorosa— es *guacho* (del quechua: bastardo, hijo de puta).

Los gauchos eran "mozos perdidos –según Rodolfo Puiggrós– corridos por la miseria y el hambre del viejo hogar, que se mezclaban con los indios y vivían carneando vacunos que, como ellos, habían saltado el cerco de la unidad doméstica, haciéndose cimarrones". Era una masa rural que "no reconocía oficio, ni gobierno, ni justicia". Durante el siglo XIX se los consideró delincuentes, ladrones, vagos y "mal entretenidos" que se resistían a aceptar la propiedad de la tierra y del ganado. Pero se hicieron necesarios para los fortines. Se los reclutó a la fuerza. Y, a medida que empezó a ralear, se lo diferenció con inesperada y creciente simpatía. Al fin de cuentas, el gaucho era "de acá" y los españoles e italianos eran "de allá". Fueron carne de cañón junto con los negros, mulatos y mestizos. Al desaparecer como peligro fue posible dejar de identificarlos como "la canalla". La canalla empezaron a ser los gringos.

Tradiciones, payadas, danzas y, sobre todo, un compacto sufrimiento campero se trasvasó a la generación siguiente, degradada, que se afincó en el arrabal y merodeó los quilombos. Este nuevo espacio se convirtió en un asilo, por momentos asfixiante, donde se podía rumiar la pena. Leopoldo Lugones, con su impostura de aristócrata, espetó que el tango –nacido de negros, gauchos y gringos– era un "reptil de lupanar" (sin embargo, fue Lugones quien mejor contribuyó a reivindicar al gaucho con sus conferencias reunidas en el deslumbrante *Payador* y en su libro *La guerra gaucha*). Enrique Santos Discépolo, más sensible, demostró que el tango era mucho más que un reptil: era "un sentimiento triste que se baila".

La misma palabra *tango* resulta ilustrativa: se refiere al sitio de concentración de esclavos, donde se los amontonaba al ser bajados de las infames naves que los habían cargado en África a fuerza de cadenas y azotes. Pero no sólo quiere decir concentración. No. Tango era el sitio donde se los vendía, donde culminaba la deshumanización de esa pobre gente. En el comercio vil significaba también lugar clausurado, círculo hermético. Por eso los hombres heridos en su autoestima, "esclavos de un destino cruel" –como insiste el verso– se encerraban en los lupanares u otros sitios oscuros a girar en torno a su rencor. La coreografía concentrada, laveríntica, ayudaba a cruzar los requiebros de una emoción que trizaba el alma.

En los años fundacionales del tango –como explica Horacio Salas en su excelente libro *El tango*– adquieren ascendencia cuatro personajes arquetípicos: el *compadre*, el *compadrito,* el *compadrón* y el *malevo.*

Compadre es el guapo prestigioso por su coraje y su mirada. Un personaje que amaba Borges y anima buena parte de sus relatos. Encarna la justicia frente a la arbitrariedad de la policía, como testimonio de la contradicción que existía entre las leyes oficiales y su aplicación deforme. Se comporta como un hombre de honor y de palabra. Viste de negro por su intimidad con la muerte; los únicos contrastes que se permite son el lengue blanco sobre el que está bordada la inicial, y una chalina de vicuña que lleva en el hombro y le sirve de escudo al enrollarla sobre la muñeca. No estila descargar puñetazos, como los brutos; su arma es un facón acortado en cuchillo que mantiene alerta bajo la ropa (y por eso lo llamarán *cuchillero*). Desprecia el trabajo, como sus antecesores míticos (el hidalgo y el conquistador), y como su padre aborrecido (el gaucho). Su melena sobre la nuca evoca la coleta de los últimos tiempos coloniales. Se bate a muerte si le miran la mujer, igual que en los dramas de Calderón. Se contonea al caminar evocando el minué, paso que moderniza e incorpora al tango. Avienta la ceniza del cigarrillo con la uña del meñique con afectación de gentilhombre. El comité político alquila sus servicios, que él ejerce con lealtad ciega. Vive solo y es tan parco en el hablar que no sólo genera incógnita, sino miedo.

El compadrito, como denuncia la palabra, es menos en todo. Imita al compadre, pero mal. No infunde temor. Mientras el compadre se impone por mera presencia y por conducta lineal, el compadrito llena sus carencias con lenguaje vil y aires de fanfarrón. Es chanta. Es un gaucho desmontado que no soporta la baja estatura y se desvive por hacerse notar. Por eso se rodea de adulones y exagera su ademán y su vestuario. Cuando camina quebrándose para llamar la atención, pareciera que está bailando. Busca pendencia y elige adrede a hombres que no saben de guerra, bien vestidos por lo general, a quienes envidia y cuya humillación le aumentará el prestigio. Pese a su autoelogio, su pelo perfumado y su "aire de bacán", la gente no lo aprecia. Ni respeta. Cuando cae en apuros no duda en desenfundar el revólver, cosa de miedosos que jamás haría un compadre. Para ganar dinero no alquila sus servicios al comité, donde hay riesgo y lealtad, sino que prefiere el camino más seguro del cafiolo. Conquista y somete a dos, tres o más mujeres que trabajan para él. A veces se enamora de una, eventualidad que difícilmente le ocurre al monástico compadre. En *Mi noche triste* el compadrito llora a la *percanta* que lo *amuró* (la ramera que lo abandonó).

El compadrón ocupa un peldaño más bajo aún. Opera como ventajero. También es desleal y cobarde. Gana dinero como soplón de comisarías. Traiciona a su familia, sus amigos y su barrio por el mínimo plato de lentejas. Pero simula lo que jamás fue ni será. Empilcha hasta el grotesco y vocea virtudes inexistentes. La mentira es su constante, la agachada, su reflejo.

El malevo ya pisa el barro: es la absoluta degeneración. Su nombre ni siquiera deriva de la raíz padre o compadre. Abusa de mujeres, niños, viejos y cuanto ser débil se le cruce. Deja encarcelar a un inocente poniendo cara de ángel o de idiota, huye ante la amenaza de pelea, se burla de los asustados en un conventillo y se esconde cuando llega la requisa policial. El único sitio donde no se lo quiere matar es en los sainetes, porque hace reír.

Todos estos personajes ingresaron en el tango: hay letra, ritmo y danza para cada uno, en cantidad.

El tango aceptó en sus inicios, sin quejarse y tal vez con falso orgullo, que se encontraba muy lejos de los salones donde los ricos danzaban "a la francesa". Bailar a la francesa significaba tocarse, abrazarse; pero en los salones el contacto era sutil y melindroso. En los burdeles, en cambio, no había razón para las prevenciones: lo *francés* "marica" se convirtió en lo *argentino* desenfrenado. Había que chapar fuerte, con ganas; y el hombre tenía que marcar la dirección y el giro, hacer sentir a la mujer que era una maleable muñequita en sus brazos de varón.

Al nuevo baile tampoco le gustaba que retrocediera el hombre, porque ningún hombre deja indefensa su espalda ante un alevoso puñal. Entonces el tango invirtió la marcha para que casi siempre fuese la mujer la que retrocedía ante el ímpetu de su compañero. Se trataba de un baile macho, danzado al principio por hombres solos. Se decía que era un baile de negros, con movimientos rústicos y vulgares. Sin embargo, fue desarrollando coreografías originales y audaces que ponían en evidencia el carácter y las costumbres de aquellos tiempos, incluso una pelea a cuchilladas. La agilidad de las piernas y la resistencia de los pies evocaba las lidias, con vueltas súbitas para salir lucido o salvar la vida. Llegó a convertirse en una filigrana admirable y elegante. La letra de Miguel A. Camino lo ilustra:

Así en el ocho / y en la sentada / la media luna / el paso atrás, / puso el reflejo / de la embestida / y las cuerpeadas / del que se juega / con su puñal.

A esta pincelada la completa el prolífico Carlos de la Púa:

Baile macho, debute y milonguero, / danza procaz, maleva y pretenciosa, / que llevás en el giro arrabalero / la cadencia de origen candombero / como una cinta vieja y asquerosa.

Los tangos de los primeros tiempos abundaron en títulos agresivos, muchos de ellos provistos de franca connotación sexual; era un modo oblicuo e insolente de golpear a la sociedad alta y despectiva. También era una catarsis. Ahora quizás resulten títulos ingenuos, pero en aquel tiempo marcaron una ofensiva identidad. Cito algunos:

La clavada, Con qué trompieza que no dentra, Concha sucia (que se disfrazó eufemísticamente como *Cara sucia*), *El serrucho, La concha de la lora* (editada con el eufemismo de *La c...ara de la l...una*), *El fierrazo, Colgáte del aeroplano, Dos sin sacar, Dejálo morir adentro.*

Emergió en las orillas y usaba el lenguaje que allí se hablaba sin maquillajes. Era la cloaca del burdel y el bajo fondo. En los sitios elegantes se evitaba hasta mencionarlo, como si fuese el intruso que jamás cruzaría las decentes murallas. Pero las cruzó a paso de un gigante. No sólo lo cantaron, sino que lo silbaron alto o bajito y bailaron en secreto. En el año 1906 Enrique Saborido vendió nada menos que ¡cien mil! partituras de *La Morocha*. Este dato es aplastante, porque revela que mucha gente había empezado a tocar el tango, incluso las niñas educadas con esmero y que sabían cómo esconder las páginas prohibidas entre los severos pentagramas de los ejercicios pianísticos.

Ayudó y fue ayudado por el novedoso dialecto llamado lunfardo, lengua de los delincuentes y marginales. Trocaba el españolísimo y culto *tú* en el desenfadado *vos*, desplazaba el acento de muchas palabras, incorporaba voces provenientes de lenguas extranjeras y se deleitaba con la inversión de las sílabas (al *vésre*). El lunfardo fue código de ladrones: lengua "de la *furca* y la ganzúa", según Borges. Se enriqueció con el aporte de poetas improvisados y también con poetas de fuste, encantados por su potencia expresiva. Ganó el afecto de los conventillos llenos de inmigrantes, de los criollos pobres, los anarquistas románticos y los socialistas combativos. Seducía su colorido, precisión y desmesura. Traducía gustos y rechazos, fijaciones y manías, dolor y combate. Calificaba y descalificaba sin artilugios, generando un clima seductor, descarnado.

La palabra *bobo,* en lunfardo, se refería al reloj, porque trabaja de día y de noche sin parar. *Escrusho* es el robo efectuado dentro de las casas a cualquier hora del día aprovechando la ausencia de los dueños. *Otario* identifica al ingenuo candidato a una estafa. *Rante* o *rantifuso* deriva de atorrante (otro argentinismo) y se aplica a personas despreciables, en hondo estado de abandono material y moral. *Espiante* equivale a huida. *Escrachar* es destruir, estrellar. *Fayuto* significa falso, traidor. *Espichar* es morir. *Naife* proviene del inglés y equivale a cuchillo. *Pitusa* es una mujer de abolengo y *pituco* es un individuo elegante, casi afeminado. *Goruta* describe a una persona torpe. *Toco* es parte o porción de lo robado. *Mamporro* se refiere a la trompada, el golpe fuerte.

Ese idioma no sólo expresaba, sino redondeaba una cosmovisión. Era un sinceramiento grosero, pero seductor. Democratizaba. Por eso el golpe de 1943 prohibió su cultivo, así como la difusión de letras que se estimaron escandalosas. La limpieza "hispánica" del idioma exigió editar a las corridas nuevas versiones para los tangos populares y prohibir los restantes. Incluso hubo que reemplazar el ya arraigado voseo por el prístino tú. También debieron borrarse los vocablos que se referían al sexo. Como siempre, autoritarismo era igual a santurronería e idiotez. El irónico Discépolo propuso cambiar el título del tango *Yira, yira* por el muy español de *Dad vueltas, dad vueltas…*

En este género se respira una ética compleja y contradictoria. Contradictoria como lo es la Argentina. (No olvidemos que nació donde fermentaba el lumpenaje, los desencuentros, el rencor, las tradiciones y las ideologías de múltiple cariz.) Contribuyó a desmontar máscaras, pero mantuvo apego a varios prejuicios. Tiene crítica y quejas para todo.

En una época, por ejemplo, predominó el reproche a la mujer de cabaret que olvidaba su origen, que traicionaba su clase y su pertenencia: *Ya no sos mi Margarita, ahora te llaman Margot.* Sin embargo… *hay algo que te vende, yo no sé si es la mirada / la manera de sentarte, de charlar, de estar parada / o ese cuerpo acostumbrado a las pilchas de percal.* Si bien… *hoy sos toda una bacana, la vida te ríe y canta* o *tenés el mate lleno de infelices ilusiones,* …llegará el inexorable castigo y esa mujer ingrata se convertirá en un *descolao mueble viejo,* tal como lo desea el compositor de la letra. Una letra que expresa al sufriente compadrito abandonado por su antiguo amor, y cuyo narcisismo sangra sin consuelo.

También amonesta al jugador exitoso en el hipódromo: *Pa' lo que te va a durar*. Es obvio que hay culpa por el triunfo, que se alejará pronto porque es inmerecido. La experiencia dice que no hay alegría durable por el camino fácil. Los inmigrantes y los criollos saben que los espejitos de colores no son otra cosa que espejitos de colores. El sufrimiento los llenó de moral y moralina que algunos tienen en cuenta y otros violan torciendo la sonrisa.

La madre ocupa un lugar central. El tango es el más desembozado complejo de Edipo que produjo arte alguno, con la sola excepción, quizás, de la tragedia escrita por Sófocles. El amor por *la Vieja* gotea lágrimas, juramentos y una fanática lealtad. Es la única mujer digna de ilimitado respeto. Los protagonistas del tango admiran su abnegación, su virtud y su nunca desmentida capacidad de perdonar. Está presente a toda hora y toda edad sin reclamar nada por su incomparable ternura, su desprendimiento y sabiduría. La madre del tango es un arquetipo redondo, acabado, y tan fuerte como el arquetipo de la madre italiana o la madre judía. Del padre, por el contrario, ni se habla.

La ausencia del padre y la lejanía de la ley aumentaron la idealización de la madre en la zona del Río de la Plata. El gaucho fue casi siempre *guacho*, hijo de la siembra al voleo. Sólo conocía a su sacrificada madre, la que amamanta, abriga, alimenta y protege, hasta que el niño se convierte en alguien que se las arregla solo. El pequeño ya hecho hombre está condenado a repetir el trayecto de su anónimo antecesor: preñar a las chinas que encuentre, más por impulso de la calentura que por amor real. Eso es lo que se venía practicando desde los tiempos de la conquista, cuando los hidalgos blandían la insaciable verga para hacerles millares de mestizos a las indias indefensas. Después del placer no surgía la responsabilidad, sino el deseo de marcharse y someter otros cuerpos. La mujer era un ser doblemente devaluado. Y los hijos que parían no tenían importancia. Ningún gaucho tenía importancia. Tampoco sus epígonos de arrabal. Por eso sufrían los compadres, por eso se codeaban afectuosos con la muerte, la única que pondría fin a su penar.

Las mujeres de las que se solían enamorar los inmigrantes solos y los gauchos degradados eran las hermosas rameras de burdel. Como consecuencia del aluvión extranjero y las columnas que procedían del interior, se incrementó el comercio de blancas y se multiplicaron los lenocinios. Las prostitutas fueron objeto de codicia sexual y económica. Muchos compadritos y aprendices de compadrito se esforzaron por seducirlas y obtener algo más que un rápido estremecimiento pagado. En numerosos casos estalló el milagro del amor, pero casi siempre se agotaba, a veces en una noche, a veces en un año. Y surgieron entonces las letras que exaltaban a la madre leal, el reverso absoluto de las demás mujeres del planeta. Eso de "siempre se vuelve al primer amor", es un develamiento incestuoso.

Los títulos dejaron huellas imborrables: *Pobre mi madre querida, Madre hay una sola, Avergonzado, Tengo miedo*. En ellos se detectaba la inconsciente homosexualidad reinante en el malevaje, así como el permanente culto a la fuerza que lo desmentiría; pero sobre todo, brotaba el temor al abandono. No olvidemos que el inmigrante y el descendiente del gaucho son seres que abandonaron o fueron abandonados. La separación hería como filoso cuchillo. A la inversa de lo que dicen las letras de tango, lo que en realidad se temía era que la idealizada madre se fuera con otro, y que este sujeto extraño la maltratase o la destruyera, con lo cual el hijo perdería lo único valioso que tenía. No se trataba de un miedo infundado, porque así sucedía de continuo: la madre había sido preñada por uno y luego por otro, y abandonada por un tercero, y golpeada por un cuarto. El padre verdadero se había evaporado. Los versos encubrían la ansiedad profunda mediante una sistemática inversión: en la letra jamás será la madre quien abandone al hijo, ni lo cambie por otro hombre —que es lo temido—, sino que el hijo es quien asume el papel de abandonador y deja sola a la madre. Jamás la madre se irá con otro porque "es una santa". Es el varón del tango quien comete el error trágico de dejar el más puro de los amores, el que le brinda su madre, "la viejecita querida", para caer en los cepos tendidos por las percantas de ocasión. Luego estas malas mujeres lo abandonarán (cosa que jamás haría su madre). Y entonces, borracho de lágrimas y de resentimiento, vuelve al hogar implorando que la viejecita incomparable le perdone su pecado.

El tango no sólo contiene un Edipo inmaduro. También funciona como canción de protesta. Algunos se refieren al hambre y muchos, a las injusticias. Incluso vocean críticas devastadoras sobre los males que sofocaban una determinada época. Enrique Santos Discépolo se elevó al rango de autor paradigmático merced al sarcasmo que le provocaba el desmoronamiento de los valores morales. En su tango *Cambalache* denunció que *ya es lo mismo ser derecho que traidor, / ignorante, sabio, chorro, generoso, estafador.* Sentenció que *el siglo veinte / es un despliegue de maldad insolente… el que no llora no mama / ¡y el que no afana es un gil!… Es lo mismo el que labura / noche y día como un buey, / el que vive de los otros, / que el que mata, que el que cura / o está fuera de la ley.*

El tango también muestra cómo los argentinos, cuando idolatramos a alguien, le perdonamos todo. Nuestra memoria se adapta veloz para borrar los aspectos negativos y poner en un cohete a los meritorios. Un ejemplo notable es Carlos Gardel, el Morocho del Abasto, el Zorzal Criollo, el hombre que "cada vez canta mejor". Humberto Costantini explicó el fenómeno mediante inspirados versos. Habíamos decidido, invirtiendo la Biblia, hacernos *un Dios a semejanza / de lo que quisimos ser y no pudimos. / Démosle lo mejor, / lo más sueño y más pájaro / de nosotros mismos. / Inventémosle un nombre, una sonrisa, / una voz que perdure por los siglos, / un plantarse en el mundo, lindo, fácil / como pasándole ases al destino.*

Gardel es un apellido argentinizado. Gardel es un inmigrante. Para más datos de filiación, Gardel es... ¡un bastardo! Vivió en el conventillo, donde lo torturó la pobreza y la humillación. Donde conoció el pan amargo, pero también la solidaridad de los marginales. Era y sigue siendo un misterio, porque su origen se mantendrá cuidadosamente cerrado en los vapores de la conjetura. En este sentido comparte el estigma de gauchos, mestizos y casi toda la gente de arrabal. Gardel es fuertemente argentino porque sintetiza muchas de nuestras raíces simbólicas. Se sabe que estudió en el barrio de Balvanera, donde se dice que conoció a otro desafortunado, Ceferino Namuncurá, el indiecito ranquel que testimoniaba la derrota de su raza y que, convertido en una esperanza de la evangelización aborigen, llegará a Roma, donde morirá precozmente.

Carlitos Gardel fue travieso y se convirtió por necesidad y placer en un ladronzuelo. Se dice que fue enviado a la terrible y helada mazmorra de Ushuaia. Luego empezó su carrera de cantor. Levantó el prodigioso vuelo de un cometa. Sus triunfos se convirtieron en una epopeya que compartieron millones. Logró todo lo que puede ambicionar un hombre: fama, dinero, mujeres, viajes, amigos, inmortalidad. No sólo tenía la apostura de un galán, sino una sonrisa embriagadora. Era una sonrisa paradójica, sorprendente, porque nacía donde fermentaba el dolor. La irradiaba alguien que representaba y querían los carenciados. Era una sonrisa que parpadeaba luz y anulaba el mal humor. Tenía magia. Incluso la estamparon en el elegante monumento erigido sobre su tumba. Gardel se convirtió en un santo laico cuyo rostro alegra hasta el presente muchos quioscos, talleres mecánicos, colectivos y paredes de restaurantes. Es la sonrisa que apenas diez años más tarde reproducirá Juan Perón.

Dijimos que se le perdona todo porque accedió al altar del mito. Se evocan sus éxitos resonantes: su primera etapa entonando canciones criollas, luego su etapa de tango. Se evocan y admiran sus éxitos en Europa y los Estados Unidos. Su vida rumbosa. Su actuación junto a Josephine Baker en el teatro Fémina de París. Sus filmes. Pero se prefiere olvidar lo negativo. Olvidar su fracaso en el teatro Nacional de Buenos Aires, olvidar la fría recepción del público argentino, olvidar su lucha contra la tendencia a engordar, olvidar las afirmaciones de la prensa sobre la inexorable decadencia de su voz, olvidar el brulote que le dedicó el diario *Crítica* porque se atrevió a cantar –desafinar– una canzonetta. Sobre este punto, nada menos que un gran mentor del lunfardo como fue Carlos de la Púa, dijo: "Bueno, mirá viejo, si en una de mis andanzas por el mundo hubiera encontrado al Viejo Vizcacha del *Martín Fierro* fumándose un cigarrillo Camel, no me hubiera causado tanta sorpresa". También se prefiere olvidar que, agraviado por su popularidad menguante, grabó una pieza que celebraba el nefasto golpe de Estado de 1930.

Su avión chocó en la pista de Medellín, Colombia, con otra nave y, junto a sus acompañantes –entre ellos el poeta y guionista Alberto Le Pera–, fue consumido por las llamas. Hubo versiones que se resistieron a aceptarlo. "Gardel sigue vivo", insistían.

No obstante, la muerte sorpresiva expandió su fama. Fue disparado hacia el firmamento de los ídolos. A su velatorio y entierro acudió una multitud fervorosa, equivalente a la que acompañó al caudillo radical Hipólito Yrigoyen. Puede ser que el gobierno hubiese favorecido la apoteosis para tender una cortina de humo sobre el asesinato de Bordabehere en el Senado de la Nación. En nuestro país se estaba desarrollando una tecnología admirable para confeccionar rápidas cortinas ante los escándalos políticos y económicos en ascenso, tecnología que hacia fines del siglo XX llegó a niveles sin paralelo.

En su vida Gardel sufrió lo mismo que el tango y muchos talentos argentinos: prevenciones, críticas injustas, desdén. Sin el visto bueno internacional, ni el tango, ni Gardel, ni Cortázar, ni Borges, ni Leloir, ni Piazzolla, ni Milstein, ni Marta Argerich, ni Daniel Barenboim, ni Pérez Celis, ni Bruno Gelber, hubieran recibido aquí elogios francos. Al contrario, debieron padecer el silencio y a veces la calumnia. Como ilustración, vale reproducir qué informaba la revista *El Hogar* del 20 de diciembre de 1911 sobre el tango en París: "Como se ve, los salones aristocráticos de la gran capital acogen con entusiasmo un baile que aquí, por su pésima tradición, no es siquiera nombrado en los salones"... "en este año el baile de moda es el tango argentino, que ha llegado a bailarse tanto como el vals".

Por la misma época comenta Juan Pablo Echagüe: "Casi no puede abrirse un diario o una revista de París, de Londres, de Berlín, hasta de Nueva York, sin encontrarse con referencias al tango argentino. Reproducciones gráficas de sus pasos y figuras, discusiones sobre su verdadera procedencia (¿el salón o el suburbio?), condenas y apologías, bienvenidas y alarmas ante la invasión".

Estos elogios, sin embargo, no lograban modificar el desprecio del rancio conservadurismo. Nuestro embajador en París, Enrique Rodríguez Larreta, se encargó de refutar los encomios sin preocuparse por el beneficio que el género musical ya brindaba a la inserción de la Argentina en el panorama mundial: "El tango es en Buenos Aires una danza privativa de las casas de mala fama y de los bodegones de la peor especie. No se baila nunca en los salones de buen tono ni entre personas distinguidas. Para los oídos argentinos la música del tango despierta ideas realmente desagradables".

Así como a Gardel y demás ídolos populares se les perdona todo, hubo una época previa, entonces, en la que no se les perdonaba nada. Vale como ejemplo la pregunta que formuló *Le Figaro* al historiador Guglielmo Ferraro acerca de las causas que desencadenaron la Primera Guerra Mundial. Dijo, muy suelto de cuerpo: "La culpa la tiene el tango"…

Muchos argentinos no saben ni gustan del tango, pero no pueden evitar asombrarse con callado orgullo por su sobrevivencia y universal aceptación. Como dice Mempo Giardinelli en su excelente libro *El país de las maravillas*, es un género subversivo, es un revolvente cuestionador y "sus letras expresan descreimiento, decadencia y abandono, casi siempre caída y casi nunca ascenso social". Pero obsequia goce estético y es "una sublimación de la bronca y la mishiadura". El tango "siempre está vigente en la calle: en un silbido, en una radio que se escucha tras una ventana, en el andar silencioso de un taxi vacío".

Aumenta el número de jóvenes que lo aman. Y se explica. "También ellos se encuentran sin idea de futuro o con uno muy dudoso"; enfrentados, además, a la impunidad arrogante de quienes les cierran las puertas. "Por eso ya tienen su propio lenguaje, su lunfardo de fin de siglo y de milenio, como cada generación ha tenido y tendrá porque todas necesitan códigos propios de diferenciación y pertenencia". Ayer existía "el tipo pintón, cuello palomita y engominado, sacando pecho ante la dama de pollera corta y con tajo, medias con costura y tacos altos. Hoy el flaco *punkie* de remera negra y borseguíes, o el rockero en jeans y zapatillas, de la mano de chicas con minis de cuero y caras pálidas que bailan sin tacos y con suela de goma. Está a la vista un signo de los tiempos: el tango *under*, o *nuevo reo*, o *lumpen look*, porque mezcla música con teatro, travestismo, exageración y humor". Tanta parodia y mamarracho gestan ante nuestras narices una picaresca nueva, "un cocoliche posmoderno".

Para sorpresa de los adultos, muchos jóvenes se acercan a las milongas. Debe causarles gracia y atracción el clima ceremonioso que ahí reina. Algunos vestidos "con pilchas rockeras y vaqueros deshilachados, hay que verlos cómo lucen de serios". Para Giardinelli debe ser la misma seriedad lo que los atrae, porque vienen de un mundo feroz, atropellador y apurado. En las milongas todo es respetuoso y de pocas palabras. Eso sí: tiene fuerza la mirada, sea para junar el ambiente o averiguar con quién habrá que medirse; es la mirada de los argentinos: insolente, crítica, irónica. Aunque ahora la gente viste con menos exigencia, las polleras deben ser breves y los tacos altos para que los pies de la pareja tengan el placer de armar elegantes trenzas y audaces ochos. Los veteranos son pacientes y están dispuestos a corregir un pasito o enseñar al costado de la pista, donde la multitud se desplaza en sentido contrario a las agujas del reloj.

En los descansos se pasa otro tipo de música, que nadie baila. Cuando vuelve el impetuoso cuatro por cuatro salen de nuevo las parejas. "Y dos pechos se encontrarán en la pista como acorazados de guerra, para una batalla sensual, casi fraterna." Ella se desliza pegada al pecho alzado del varón, "apilada pero cómoda y en completa libertad". Se baila con cara de póquer, concentrados en lo más importante del universo que es el dibujo de esa danza.

"Si bailás un tango con la mujer adecuada y no terminás temblando de emoción —le dijo a Mempo Giardinelli su cuñado más sabio— dedicate al bolero o a la rumba. Pero si acabás conmovido porque sentiste que la mina era parte de tu cuerpo y vos de ella, entonces estás perdido: llevarás para siempre al tango en el alma."

Capítulo IV

La cáustica picardía

Se la conoce como *viveza criolla*, pero es la viveza *argentina* frecuentada por todas las capas psicosociales y extendida a la totalidad del territorio nacional, aunque en sus comienzos haya predominado en Buenos Aires. Resulta una expresión incomprensible para quien no la haya experimentado –o sufrido–. Refleja o encubre habilidades y miserias. Juega con los equívocos, hace reír y hace llorar, por un lado eleva y por el otro humilla.

La historia oficial nos ha enseñado a idealizar el vocablo *criollo*; y la vida cotidiana, a idealizar la *viveza*. Se unieron ambas palabras para gestar un vicio que durante demasiado tiempo fue considerado virtud. Ya lo he azotado en otros textos y no puedo resistir volver a darle palos por el gran perjuicio que nos causa.

La viveza criolla da gracia, incluso risa. Pero su humor es negro. Tiene un efecto antisocial, segrega resentimiento y envenena el respeto mutuo. Sus consecuencias, a largo plazo, son trágicas. No sólo en el campo moral, sino en los demás, incluso el económico. Pone en evidencia una egolatría con pies de barro, un afán de superioridad a costa del prójimo y una energía que se diluye en acciones estériles. Es importante que aprendamos a detectarle sus mañosas fintas. Y mucho mejor que aprendamos a erradicarla de nuestra mentalidad. Tiene la fuerza de la peste. Y nos ha vulnerado hondo.

Veamos.

Empieza en forma amable, como un producto emblemático de la literatura anónima: *El Lazarillo de Tormes*. Ahí está concentrada con gracejo la picaresca de España. Su personaje central soporta humillaciones para obtener comida o un sitio donde dormir. Tiempo después, este Lazarillo gestó su epígono en la remota Argentina.

El nuevo sujeto cambió de ropa y de modales, no sólo de gentilicio; ya no se limita a las travesuras contadas en aquella novela, que vio la luz en Burgos hacia 1554. El sucesor argentino es un hombre orquesta que no se dedica sólo a buscar lecho y comida, sino que anhela mucho más porque se considera el centro del mundo; si las cosas le salen bien, aumenta su megalomanía; si salen mal, la culpa la tiene otro. Jamás admite una flaqueza ni tolera la derrota. Proclama que todo lo sabe y todo lo puede. Es el superhombre de Nietzsche o de la historieta.

Desborda capacidad para encarar cualquier iniciativa y asumir cualquier trabajo, por encumbrado o difícil que sea. Ningún obstáculo resiste su sagacidad. Tiene ingenio, aceleración y perspicacia. Si lo eligen para un alto cargo, no se detiene a pensar en las dificultades inherentes a esa función, la posible falta de entrenamiento o su total carencia de aptitud. Al contrario, despreciará las advertencias y sostendrá que apenas se hizo justicia.

La viveza criolla nació en Buenos Aires. El resto del país no la aceptó como propia hasta que sus hazañas cundieron. Quien la ejercita se llama *vivo*. El *vivo* de Buenos Aires, después el *vivo* de cualquier localidad argentina. El lenguaje se dilató con su aparición, porque al vocablo *vivo* se añadieron las *avivadas,* que son sus acciones. Los demás humanos –seres estúpidos que sufren las estocadas del vivo o le responden con impericia– se llaman *zonzos* o *giles*. Por eso abundan los consejos imperativos: "¡A ver si te *avivás*!", "¡No seas *zonzo, avivate*!", ¡"No seas *gil*!" O el emoliente diagnóstico: "Por fin te estás *avivando*".

La dilatación del lenguaje prosiguió en forma acelerada. El vivo generó jocundos sinónimos, muchos de los cuales fueron incluidos por el lunfardo y las letras de los tangos: *canchero, piola, rompedor, rana, madrugador, púa, pierna*. Cada una de estas palabras ayudó a completar su retrato de triunfador imbatible. El vivo es un personaje que se mueve con las antenas eréctiles y el cuerpo elástico, seguro de reconocer al adversario antes de que éste lo sospeche y, además, ponerlo fuera de combate sin que se haya despabilado siquiera.

Su experiencia le ha demostrado que gana el más rápido. Como ninguno, adhiere a la consigna de que no hay mejor defensa que un oportuno ataque. Repite que "al que madruga / Dios lo ayuda". Madrugar, para él, no significa empezar al alba su faena ni ensanchar la jornada porque —dice— "no por mucho madrugar amanece más temprano". Madrugar es sorprender. Es golpear primero. Es asegurarse la parálisis del otro para que ni siquiera haya réplica. "Si uno no joroba, lo joroban."

Si es atrapado *in fraganti*, sabe cómo zafar. Zafar es una de sus grandes habilidades. Tan grande, que durante mucho tiempo, cuando alguien quería lavarse las manos, exclamaba: "¿Yo?, ¡argentino!". Creo que pocas veces un gentilicio fue tan descalificado por sus propios portadores. Da vergüenza.

El vivo comete sus fechorías y pone cara de ángel. Necesita burlarse de alguien al que llama *punto*.

Su diversión cotidiana es la *cachada*. Está seguro de que logrará burlarse del punto que tiene enfrente. Y a menudo lo logra sin que la víctima se dé cuenta. Lo elige con admirable precisión. Su olfato descubre puntos que pasan inadvertidos al ojo común. Y le asesta sus dardos antes de que adviertan el ataque. Porque sus ataques aprovechan la sorpresa y se escudan de tal forma que no le pueden devolver la agresión. Una pinturita. Para lograrlo vale todo: mentir, aprovecharse de las debilidades ajenas o empujarlo hacia el ridículo. El vivo redobla su esplendor a costa de la impotencia del zonzo. Su golpe tiene la característica de aplastar al contrincante sin dejarle margen para el *retruco*.

El vivo necesita de la *barra*. *Barra* es el auditorio que le festeja sus gracias. Actúa para que lo vean y lo aplaudan, para que lo festejen con asombro. El vivo actúa como si estuviese en un escenario. Actúa sin darse pausa. Ha sustituido su vida por el representar. Es un maestro del fraude, que empaqueta en fina seducción. Incluso ha inspirado el universo de la historieta con un personaje creado por Lino Palacio y que alcanzó amplia popularidad: *Avivato*. Es notable que aún mantenga vigencia fuera de nuestro país, porque publican la tira en varios periódicos importantes, como *The Miami Herald*, donde aparece todos los días. ¿Qué muestra?: un argentino oportunista, falso, sobrador, holgazán, coimero y listo para hacerse de cualquier ventaja.

Tanto ha enamorado el vivo a nuestra mentalidad, que se convirtió en minusvalía carecer de su talento. El que no es vivo es zonzo o gil. Así de rotundo. Y todo zonzo, en consecuencia, se desesperará por demostrar lo contrario. Los observadores de la barra son los jueces, que a menudo festejan ruidosamente cómo el vivo destruye a su víctima. Es una moderna variación del circo romano, pero sin sangre. Por eso no es osado afirmar que, desde que apareció el vivo con su irresistible seducción, resulta intolerable ser un zonzo en la Argentina. Tanto, que es preferible ser inmoral. "Me encarcelaron por ladrón pero no por zonzo", se escucha confesar.

En España se publicó la siguiente semblanza de un caso típico.

Argentino viaja a España,
Argentino conoce a española,
Argentino enamora a española,
Argentino vive con española,
Argentino vive de la española,
Argentino administra el sueldo de la española,
Argentino desaparece.
Española queda embarazada, sin joyas, sin mue-
bles, con números rojos en el banco, facturas
atrasadas y el teléfono cortado por cien llama-
das a Rosario.

Sacar ventaja en forma indebida dio lugar a la palabra *ventajero*. No importa si el beneficio es ilegal. Es beneficio.

Muchos argentinos incrementaron nuestra mala

fama en el exterior mediante infinitas avivadas de poca monta: no sólo robar los ceniceros del restaurante o quedarse con los cubiertos del avión, sino con las toallas de los hoteles y algunos objetos de quioscos. La ganancia es mínima, pero es grande el placer de la transgresión. Una especie de resarcimiento por injusticias de las que ni se tiene memoria. A veces las cosas subieron de tono, en especial con los exiliados que buscaban la forma para llamar por teléfono a larga distancia sin pagar. Ser "ventajero" empujó hacia delitos que ya no eran de poca monta: muchos se vanagloriaron de "reventar" tarjetas de crédito ajenas, "pinchar teléfonos" y "clavar" garantes. De ahí surgió la siguiente pregunta:

—¿Cómo se hace para meter 2.500 argentinos en una cabina telefónica?

—Muy fácil. Basta con decirle a uno solo que puede hablar gratis a Buenos Aires.

Vamos ahora al fondo del asunto. Allí aparece un rasgo básico: el vivo *no cree en la justicia*. Según Julio Mafud, es un ateo perfecto, porque no cree en nada. Es escéptico y pesimista a ultranza. "En lo único que cree (en el caso de creer) es en él mismo." Aparenta tener muchas ideas, pero no se juega por ninguna. Desprecia la ley. Más aún: la ley es un obstáculo que se debe saltear... o burlar. ¡Siempre! El fraude jamás lo escandaliza, porque constituye uno de sus recursos más frecuentes. Para el vivo, la honestidad es una palabra hueca, ingenua, arcaica. De la misma forma descalifica la transparencia: jamás confesará a otro —ni siquiera a sí mismo— qué le pasa o cómo le va; y está seguro de que los otros hacen lo mismo con él. El mundo es un garito lleno de cepos. Los demás seres humanos no existen para ayudar: son enemigos potenciales que lanzarán el zarpazo al menor descuido. Por eso la viveza criolla consiste, precisamente, en atacar sin importar la ley y sin que la víctima pueda devolver el golpe.

El vivo aparenta inteligencia, conocimientos, brillo y ejerce seducción. Pero se basa en la mala fe, el engaño y la inmoralidad. Bordea la psicopatía.

En realidad, es el vivo quien padece el eterno miedo de caer en el ridículo y morder el polvo de los derrotados. Por eso jamás baja la guardia ni deja pasar una ocasión en la que pruebe ante el público —una y otra vez— que es un triunfador.

Le obsesiona la necesidad de demostrar que es todo un hombre: macho, seductor y líder. "¿Sabés qué es algo peor que contraer el sida?: la fama de marica que te queda después de muerto."

Quiere ser el número uno, el mejor. Por eso se cubre con la armadura del caballero que jamás pierde, jamás pide disculpas, jamás se equivoca. Por lo general no recurre a la violencia física, pero si las circunstancias obligan, para no mostrarse *flojo* –pecado mortal–, recurrirá a los gritos, las amenazas e incluso se lanzará hacia una batalla en la cual será molido a golpes con tal de no hacer sospechar que le falta testosterona. Aunque se consuma de dolor, evitará derramar lágrimas porque "llorar es cosa de maricas".

El vivo es una persona que necesita triunfos urgentes. Es un *exitista*, no un *exitoso*. Rasgo que se puede extender a vastas franjas de nuestra sociedad. Entre ambos existen categóricas diferencias que vengo señalando desde hace tiempo. El exitista sufre ansiedad y anhela controlarla con rápidos alimentos a su autoestima; se conforma con migajas porque no puede esperar. El exitoso, en cambio, posterga su satisfacción, invierte esfuerzo, confía en sí mismo y aspira a un resultado mayor. Por eso el vivo, que no puede ser sino un exitista, busca las ventajas de corto plazo. Acumula ganancias chicas que ni siquiera logra cambiar por una grande. Las soluciones que aporta a sus necesidades no son la solución verdadera, sino una apariencia de solución. Recoge halagos de la barra, una ovación fugaz a un éxito menor, apenas un bálsamo a su ruinosa egolatría. Quiere ser un invicto guerrero, gran señor, pero es apenas un hombre diminuto que necesita encubrir su impotencia.

❖

El vivo es, además, un *resentido*. Su minúscula gloria se amasa con la desgracia del prójimo. Disfruta de la humillación del otro, del pobre punto, porque la ha evitado para sí. Es la humillación que en realidad merece él mismo —por incapaz y tramposo—, y que teme recibir. Sabe, aunque lo niega, que no es gran señor ni invicto guerrero. Es apenas un actor mediocre que se defiende con sable de lata. Su terror al ridículo deriva de su pánico al desenmascaramiento. Por eso no le importa el sufrimiento de los burlados, los desplazados, los estafados. La única persona que nunca debería ser postergada o vencida es él. Sería su derrumbe total.

De la centenaria picaresca española y de la ideología que prevaleció entre los hidalgos heredó su *desdén por el esfuerzo*. "El vivo vive del zonzo y el zonzo de su trabajo", repite para su menguada conciencia. La prestidigitación de la viveza arrima algún dinero a sus manos, sin que las deba mortificar en duras tareas. Así pensaban los hidalgos, y así siguieron pensando generaciones de descendientes; la viveza tiene un lamentable carácter estructural.

En los años de la conquista y la colonización, América era fabulosa por sus excedentes de oro y plata. Bastaba recoger una fortuna ya hecha. O quitársela a los indios. Por las buenas si la cosa venía fácil, o por las malas si se ponía complicada. No era preciso rebajarse al nivel de la servidumbre o de la esclavitud, porque no era digno de hidalgos. La consigna tácita decía: *No hay que producir, sino apropiarse de los productos.* Y para apropiarse no hay que trabajar, sino ser *vivo.* La historia abunda en ejemplos.

Pero la historia no siempre aclara quién es el burlador y quién es el burlado. Uno y otro descienden de conquistados y conquistadores, de criollos, mestizos e inmigrantes. Hubo suficiente movilidad para que el burlado pase a ser burlador y viceversa, generando confusión. Ahora bien; puede una persona ocupar diferentes roles, pero los roles nunca dejan de estar presentes, con definición inconfundible.

Demos ahora otra vuelta de tuerca.

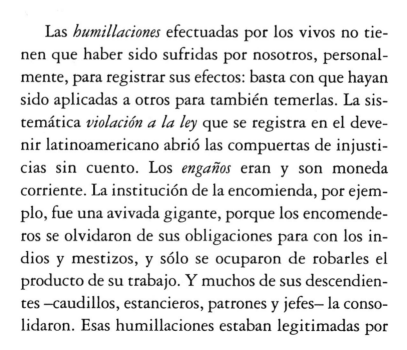

Las *humillaciones* efectuadas por los vivos no tienen que haber sido sufridas por nosotros, personalmente, para registrar sus efectos: basta con que hayan sido aplicadas a otros para también temerlas. La sistemática *violación a la ley* que se registra en el devenir latinoamericano abrió las compuertas de injusticias sin cuento. Los *engaños* eran y son moneda corriente. La institución de la encomienda, por ejemplo, fue una avivada gigante, porque los encomenderos se olvidaron de sus obligaciones para con los indios y mestizos, y sólo se ocuparon de robarles el producto de su trabajo. Y muchos de sus descendientes —caudillos, estancieros, patrones y jefes— la consolidaron. Esas humillaciones estaban legitimadas por el *desprecio* primordial y sostenido hacia los diferentes (inferiores), llámense indios, mestizos, criollos, negros o inmigrantes, todos ellos considerados puntos, o candidatos a punto, o reverendos giles. La insistente ofensa generó rencor. Hasta que la impotencia ante la humillación y el desprecio empezó a hervir. El resultado es tremendo: padecen los de abajo, es cierto, pero también los de arriba *en la vengativa mirada que esperan recibir*. El vivo teme la represalia y se desespera por repetir sus proezas antes de que le saquen la ventaja que, para él, será tragedia.

En conclusión, *ser vivo* en la Argentina, también equivale a *seguir vivo*. Los seres patéticos necesitan defenderse, negar sus miserias. Para lograrlo infligen estocadas a diestra y siniestra. Sobre todo —como dijimos—, necesitan evitar que la sanción caiga sobre ellos, porque la vida misma ya se había encargado de abrirles heridas sin cuento. Ser vivo, en definitiva, es realizar una escaramuza sin lamentar daños personales, sean presentes o futuros. Es cierto que no liquida al enemigo, pero sí logra molestarlo. En realidad, nunca quiso destruirlo del todo, sino usarlo para beneficiarse, para gozar el aplauso de la barra, para sentirse mejor. Las escaramuzas lo ilusionan, le hacen suponer que la impotencia no existe y que su inferioridad es sólo aparente.

Se impone una aclaración: que lo disequemos y logremos comprender, no significa que lo vayamos a justificar.

Por ejemplo, en la Argentina creció hasta niveles sin paralelo la institución de *colarse*, es decir meterse como sea, poner cara de póquer y ubicarse donde no corresponde, sea una cola, una fiesta, un transporte público, un club, un lugar donde ya no quedan más sitios, y así en adelante. Los vivos *se meten*. Siempre.

Va una anécdota. En un gran salón de fiestas entraban tantos colados que su dueño, un extranjero de pocas pulgas, se enteró de que había un experto en distinguirlos y echarlos a la calle. Lo convocó.

—Necesito que alguien me pesque a esos vivos.

—Soy el mejor que encontrará en plaza; modestamente, ¿vio?

—¿Cuánto cobra usted?

—Mil doscientos la noche.

—¡Es muy caro!

—Sí, caro. Pero el mejor.

El empresario lo contrató a regañadientes.

Esa misma noche el salón se llenó con más gente de la prevista. De súbito se detuvo la música y el experto apareció en el escenario. Tomó el micrófono con tranquila firmeza.

—¡Señoras y señores, tengan ustedes muy buenas noches! Mi actuación será muy breve. Pido a las personas de la concurrencia que sean amigas del novio, que se coloquen a la izquierda del salón, por favor.

Unos treinta individuos se corrieron hacia la izquierda.

—¡Muchas gracias! Solicito ahora con fina delicadeza a las personas que sean amigas de la novia, se sitúen a la derecha de la sala.

Entre rumores y cuchicheos otro grupo se corrió hacia la derecha.

—Muy bien. Muchísimas gracias. Ahora: tanto quienes forman el grupo de la derecha como quienes se han situado a la izquierda, ¡se me las toman inmediatamente de aquí! ¡Esto es un bautismo, reverendos hijos de su madre!

La etapa aluvional incrementó el uso de la viveza. Los inmigrantes fueron objeto de muchísimas *estafas*. No hicieron la América enseguida, como prometían sus sueños o los sueños que les vendieron funcionarios inescrupulosos. Una cosa eran las bellas palabras de la Constitución y otra la difícil realidad. Las puertas estaban abiertas para que ingresaran y se pusiesen a trabajar. Pero sólo como mano de obra barata. Se les retaceó la tierra porque ya estaba repartida. Sarmiento se escandalizaba: así como nuestra dirigencia era más generosa que la de los Estados Unidos en la recepción de extranjeros, era al mismo tiempo mezquina y errada en el otorgamiento de tierras, lo cual demoró el arraigo, perjudicó la cultura del esfuerzo y dañó el sentido de la responsabilidad.

La *viveza* se transformó en un deporte, porque empezaron a venderse buzones y tranvías. Durante una de las frecuentes plagas de langostas alguien inventó un aparato baratísimo y eficaz para matarlas. La modesta caja que terminaría con esa plaga contenía dos tablitas, una marcada con la letra A y otra con la B; las instrucciones decían: "Coloque la langosta sobre la tablita A y péguele fuerte con la tablita B"...

¿Ingenio? ¿Humor? Con graves consecuencias en todo caso. Hace unas décadas se difundió la proeza de un industrial que vendió una partida de zapatos al exterior y despachó unidades de un solo pie, total —pensaba— "cuando se den cuenta ya habré cobrado el dinero". O el caso de la piel de yacaré: vendía tanto que, para no frenar los beneficios del negocio, decidió imprimir los dibujos y relieves del yacaré sobre cuerina. También muchos cajones de fruta encubrían las podridas con una capa superior en buen estado. ¿Delincuencia? ¿Psicopatía?

Con frecuencia el vivo recurre a las *agachadas* para esquivar los cepos. Pero se ocupa de disimularlas: no quiere parecer débil ni cobarde. La viveza, justamente, es el arma que lo preserva: "madrugar antes de que te madruguen".

Bajo su máscara se agazapa un ser desamparado.

La viveza, por lo tanto, también puede ser interpretada como una reacción, una forma retorcida y neurótica de lucha. Explicaría los ingredientes de su falsa omnipotencia, hondo encono y estudiada habilidad para dar golpes sorpresivos que no dejen lugar a la respuesta. El vivo desprecia la ley que siempre lo despreció a él y se burla de los valores que jamás lo respetaron. Se le han sumado y sedimentado convicciones antisociales. Como señalamos antes, podemos entenderlo, pero no justificarlo.

Su tragedia se ahonda al advertir que está resentido de veras, pero —como dice Ezequiel Martínez Estrada—, se trata de un encono que no puede definir lo que quiere.

Una última observación.

La viveza crece bajo el autoritarismo. Se cuela con poco ruido entre los colmillos del poder, al que halaga y, al mismo tiempo, pincha huidizamente las encías. No tiene escrúpulos en participar del festín transgresor. La ley es socavada por los mandamás de turno. El vivo es cómplice y trata de obtener el mayor provecho posible. La corrupción —toda corrupción— le excita los sentidos.

Hemos de preguntarnos, entonces, si los *desaparecidos,* esa brutal desgracia que nos convirtió en uno de los ejemplos más crueles de la maldad humana, no son *la gran avivada* del Proceso. Los dueños del poder secuestraban, torturaban, asesinaban y luego... con cara de angelitos *piolas,* decían: "Se han ido al exterior", "no sabemos nada". Pero sabían. Porque antes de abandonar el poder cometieron el cobarde delito de quemar miles de archivos, tal como los delincuentes que borran prolijamente sus huellas. Si no se consideraban culpables, ¿por qué los destruyeron? Esa sola actitud representa una confesión de parte.

Detrás de la entidad horrible llamada *desaparecidos* reinó el festín transgresor, el resentimiento, la rapiña, el desprecio, y la patológica sensación de víctima que otorga el derecho de convertirse en victimario. La "guerra sucia" justificaba todo, incluso olvidarse de que las Fuerzas Armadas representan al Estado y no pueden actuar al margen de la ley. Pero en lugar de hacerlo como autorizaba la misma ley, incluso la militar, y asumirlo de frente, el Proceso eligió la ruta de la viveza. Que es muy argentina. Y nos ha costado caro.

Por ende, si ese genocidio es la expresión trágica de la estructural viveza criolla, se añade un motivo muy poderoso para decidir que a esa corrosiva picardía le ha llegado la hora de una despiadada descalificación.

Poco antes de morir, Marco Denevi efectuó una lúcida oposición entre vivos, inteligentes y estúpidos. Todo un hallazgo. Vale la pena intentar una síntesis.

La reacción mental del hombre inteligente es dinámica: busca el camino de la solución por múltiples vericuetos hasta encontrar la salida. En latín, salida se dice *exitus*, que los ingleses tradujeron por *exit*. De ahí que, por lo general, la inteligencia conduzca al éxito.

El latín posee también otro verbo, *stupere*, que significa quedarse quieto, inmóvil, paralizado, como si lo frenase un muro. De ahí deriva la palabra estúpido: hombre que permanece entrampado por un problema sin dar con la salida, aunque a veces se agite o convulsione. "Las dos únicas reacciones del estúpido serán la resignación o la violencia, dos falsas salidas, dos fracasos."

La viveza, por último, "es la habilidad mental para manejar los efectos de un problema sin resolver el problema". El vivo se mueve para eludir los efectos del problema, o desviarlos contra un tercero. Es inescrupuloso e inmoral, parece inteligente y despierto, pero sólo encandila a la mirada frívola. Jamás resuelve los problemas de fondo.

¿Qué pasaría si los vivos se convierten en mayoría? Como son mayoría, ocuparán el gobierno. Pero, como son también inmorales y egoístas, no se esmerarán en el beneficio de la sociedad, sino de ellos mismos. Los estúpidos quedarán estupefactos, es decir más estúpidos aún. Los inteligentes armarán sus valijas para huir. Y los vivos que no están en el gobierno maniobrarán para obtener parte del botín. La voracidad de los vivos se regodeará con la rapiña. Pero el país que comandan —el barco en que navegan— terminará por hundirse junto con ellos.

Toda semejanza con la realidad, ¿es pura ficción?

Capítulo V
Un fenómeno "incorregible"

Hasta los mismos peronistas se ríen de la punzante afirmación de Borges, en el sentido de que no son buenos ni malos: son incorregibles.

Sus enemigos reducen el movimiento que fundó Juan Perón a la categoría de fascismo criollo. Sus glorificadores, en cambio, lo exaltan al nivel de fenómeno original y específico. Nadie puede negar su vigencia de más de media centuria. Pero nadie puede tampoco negar su ambigua identidad.

En efecto, para estudiarlo en forma completa se lo clasifica en sucesivas versiones: primer peronismo, segundo, tercero. También se recurre a sus principales protagonistas: el de Evita y Perón, el de Perón sin Evita, el de López Rega y Perón, el de Isabel, el de Menem. O a su color circunstancial: nacional y populista (1946-1950), dictatorial y amigo de las inversiones extranjeras (1951-1955), maldito de la burguesía (1955-1968), socialista y guerrillero (1969-1972), dialoguista (1972-1973), represor de la izquierda y terrorista de Estado (1974-1976), socialdemócrata (1982-1989) y neoliberal (1989-1999).

Cada una de estas manifestaciones se proclama *auténtica* y descalifica al resto.

Carlos Menem suele jactarse de haber hecho "peronismo de alta escuela"; afirma que lo critican quienes no comprenden la verdadera naturaleza del movimiento fundado por Perón. Sus enemigos se escandalizan y lo acusan de traidor, payaso y corrupto. Pero Menem está en lo cierto: encarna los rasgos hondos y permanentes del fenómeno inaugurado por el mítico líder. Un análisis de las ideas y acciones del fundador demuestran que no estaban sustentadas por ideologías o principios inmutables. Inmutables eran otros aspectos a los que nos referiremos en el curso de este capítulo.

Para abordarlo es conveniente respirar hondo. Perón y, sobre todo, Evita desencadenaron una turbulencia que invadió todos los espacios de la realidad y muchos del imaginario colectivo. Pese al tiempo transcurrido desde sus orígenes y los sismos históricos que tuvieron lugar, aún millones se excitan en su favor y otros tantos en contra.

El peronismo no fue solamente un partido político. Tampoco lo explica de modo completo la palabra movimiento. Hizo despertar esperanzas dormidas, concretó postergadas reivindicaciones y abrió las compuertas de la fiesta con un estruendo que mantiene aún anhelante la expectativa de resucitar su pasado relumbrón. Podemos afirmar que el peronismo es creencia, sueño, conducta y hasta folklore. Se le pueden disparar numerosas críticas, pero no negar que mediatiza valores (y muchos disvalores) arraigados en nuestra sociedad.

Su exploración tropieza con cargas emocionales. Algunos aseguran que jamás son bastante severas las críticas, porque "el peronismo es el máximo culpable de la decadencia nacional: reactivó defectos antiguos y creó nuevos". En la vereda opuesta opinan que no se lo odia por sus defectos, sino por sus virtudes: incorporó a millones de marginados a la política, el bienestar, la cultura, la salud y expandió la justicia social en un país legendariamente injusto.

Cuando fue derrocado, la mitad de los ciudadanos esperaba su extinción, pero la otra mitad se empeñó en mantenerlo vivo. Pese a las ofensas que el líder y su entorno habían cometido contra las instituciones de la república, la libertad de expresión, el erario público, la autonomía universitaria, la independencia de la justicia y haber hartado con el culto a la personalidad, estimulado la delación, hundido en la cárcel a adversarios políticos, expulsado a científicos y artistas y hasta practicado impunemente la tortura, a pesar de todo ello, los fieles al régimen lo siguieron extrañando. Y lucharon con heroísmo por su retorno.

Los antiperonistas, desesperados por esa increíble

supervivencia, criticaron la misericordia de quienes lo destituyeron. Dijeron que en vez de fusilar al general Valle y sus amigos, debieron haber fusilado a Perón, ya que "a perro muerto se acabó la rabia". Pero el líder continuó vigente como una antorcha que no se apaga. Fue acogido por Stroessner en Asunción. Luego pasó temporadas bajo el amparo de dictadores como Pérez Giménez, Trujillo y finalmente Francisco Franco. No importaba que con esas siniestras escalas revelase entre quiénes se sentía mejor.

Quince años después de su caída estrepitosa, con oblicuos y fallidos intentos (que hasta incluían un "peronismo sin Perón"), el viejo líder regresó a escena con fuerza renovada. Tenía el apoyo —impensable tiempo atrás— de la juventud y de muchos intelectuales. Se empezó a dilatar un abanico de opinión que depositaba en sus manos el trabajo de solucionar los enmarañados problemas de la nación. Así como antes se lo había acusado por el desorden y la decadencia, ahora se lo convocaba para la liberación y el progreso. Igual que a Carlos Gardel, a Juan Perón se le perdonó todo. Se olvidaron de que hasta se le había prohibido usar el uniforme militar, por indigno. Perón, sin embargo, superó a Gardel: llegó a ser mito en vida.

A partir de entonces, deseaban ocuparse del peronismo —con escasas excepciones— aquellos que pusieron en su lengua el cordel de la autocensura. Hasta el día de hoy muchos evitan reflexiones que se puedan llegar a interpretar como injurias. Quien ataca a Perón o al peronismo recibe la inevitable etiqueta de "gorila", mote que no se refiere a un inocente simio ni a la mera condición de antiperonista, sino a lo enfermizamente antipopular. Es un chantaje difícil de esquivar. "Peronismo es igual a pueblo, es igual a pobres, es igual a desamparados, es igual a nación." No es recomendable atacar semejante maravilla. Aquello que anheló el primer peronismo –fusión entre líder, gobierno, Estado y sociedad, como lo impusieron el fascismo y el nazismo– se concretó en el imaginario de millones más de tres lustros después de su caída. Aún hay franjas que siguen identificando peronismo y pueblo. Resulta pues prodigioso que, así como el primer peronismo ejerció una desembozada censura, ahora quienes pretenden analizarlo sean quienes se aplican la censura a sí mismos.

Cuando en los 70 brotó con energía el segundo peronismo, la nueva generación ignoraba aspectos cardinales de la gestión fundacional. También ignoró sus destructivas tendencias. Cuando se las exhibían y demostraban, la nueva generación las consideraba calumnias. Prefería inclinarse ante la fórmula de John William Cooke, delegado personal del líder exiliado: "El peronismo es el hecho maldito de un país burgués". Prefería soñar y adaptar la realidad a esos sueños. Negaba los defectos y exaltaba las virtudes. El postulado teórico era cerrado y seductor.

El esquema predominante sostenía que el socialismo se lograba a través de la clase obrera. En la Argentina la clase obrera demostró que era inflexiblemente peronista. Ergo, el peronismo era la única vía nacional hacia el socialismo. Pero el resto del espectro político, que se proclamaba democrático, prohibía con obstinación ciega al peronismo. Ergo, no había democracia o la llamada democracia era un arma de los opresores del pueblo.

Los jóvenes peronistas, por lo tanto, se asumieron como la verdadera izquierda nacional y, ante las críticas que escuchaban sobre el exiliado líder, se consolaron diciendo que los caminos de la historia pueden ser novedosos. El ingenio teórico de Cook no sólo instaló como dogma que el peronismo era el hecho maldito de la burguesía, sino que la antinomia peronismo-antiperonismo era el nuevo nombre de la lucha de clases en la Argentina. Perón, en consecuencia, jugaba *objetivamente*, al margen de lo que él mismo pensara o quisiese, un papel revolucionario que debía asumir ineludiblemente para no perder su condición de líder.

Los militantes devoraban los libros de Frantz Fanon y Karl Marx hasta el extremo de considerar que un buen marxista argentino no podía ser sino peronista. Marx había escrito que la violencia es la inevitable partera de la historia. Eso no se podía discutir:

era palabra santa. Por lo tanto, había que luchar contra la resistencia de la reacción. Con todos los medios. La democracia no era real o no era respetable; la descalificaron con diversos epítetos: "burguesa", "formal", "opresora". Se inclinaron por los *fierros*. Admiraban a los osados. Eran "la bronca de Perón".

No advertían —explica Juan Pablo Feinmann— que realizaban *una invención de Perón*, al margen del hombre de carne y hueso. Lo presentaban como un líder revolucionario, un héroe nacional y popular que había evolucionado hacia el socialismo. Perón, desde luego, no apaciguaba esa mentira porque le sumaba voluntades. Era aditivo, y todo lo que sumara le venía bien, llegase de un extremo u otro. Mientras aceptaba a gente desembozadamente fascista como Ottalagano, dejaba que lo pintasen como amigo de Mao Tsé-tung y Fidel Castro. Nunca se pronunciaba en contra de la izquierda; por el contrario, decía que la violencia de abajo sucede a la violencia de arriba, decía que eran muchachos maravillosos y mandaba flores al sepelio de los mártires. Tampoco se escandalizó cuando la revista *Bases,* inspirada por su secretario José López Rega, llegó a la conclusión de que en política el orden de los factores no siempre altera el producto: nacional socialismo y socialismo nacional podían no ser antagónicos...

Pablo Giussani, en su libro *Montoneros, la soberbia armada*, evoca el clima irracional que se había desplegado en torno de Perón y el peronismo para convertirlos *a la fuerza* en herramientas de la soñada revolución. Lo ilustra con el relato de un testigo sobre un hecho asombroso en el río Amazonas. "Cuando el río crecía y amenazaba desbordar su cauce, los indios de la aldea no hacían lo que cualquiera de nosotros –huir, treparse a los techos o construir defensas contra el desborde–. Lo que hacían era correr con grandes palos a los establos y apalear ferozmente a sus animales, con preferencia los cerdos, que reaccionaban con estremecedores chillidos." Era una suerte de "tecnología mágica", porque el estruendoso lamento de las bestias ahuyentaría al espíritu maligno que se había apoderado del Amazonas.

Esta anécdota se aplicaba a las relaciones de Perón y los montoneros –sigue Giussani–, también "plagadas de secuencias absurdas entre estímulos y respuestas, entre pasos a la derecha por parte de Perón y reacciones aprobatorias desde la izquierda, acompañadas de bizantinas explicaciones". Se había vuelto maniática la insistencia sobre táctica y estrategia, palabras rituales que permitían explicar lo inexplicable. "Había, así, un Perón *táctico*, inmerso en la irrealidad..., que tenía de confidente y delfín a López Rega, y bendecía la derecha sindical". "Y detrás estaba el Perón *estratégico*, el verdadero, provisto de una realidad secreta a la que sólo tenían acceso los iniciados", y que era "inverificablemente revolucionario".

En esos años circulaba un chiste ilustrativo. Decía que Mario Firmenich había sido condenado a muerte por orden de Perón, junto con los demás miembros de la conducción montonera. Antes de caer fusilado, exclamaba con inmensa alegría a sus compañeros de infortunio: "¿Qué me dicen de esta táctica genial que se le ocurrió al Viejo?".

Perón retornó por un tiempo muy corto. Pero suficiente para que se le reintegrasen los bienes en una sesión secreta del Congreso (sigue siendo un secreto bien guardado), se le restituyese el cargo y uniforme militar, se lo liberara de todos los juicios pendientes y pudiera asumir por tercera vez la presidencia de la Nación. Tuvo un desempeño histórico al consagrar el diálogo político y afirmar, en contra de lo que se proclamaba hasta entonces, "que para un argentino no hay nada mejor que otro argentino". Se autocalificó de león herbívoro y contribuyó a que su movimiento aceptase las reglas de la democracia. Pero tuvo que enfrentar el aquelarre que él mismo, desde Madrid, había contribuido a desencadenar. No pudo contener el desencanto que produjo en quienes habían soñado que, *objetiva y necesariamente*, sería el jefe de la revolución socialista. En la histórica Plaza de Mayo, donde el folklore del peronismo tuvo fiestas de gloria, los jóvenes que juraron dar la vida por Perón le gritaron: *"¡Nos pasa por boludos, nos pasa por boludos! ¡nos pasa por votar a una puta y un cornudo!"*. Entonces él, fuera de sí, rugió "¡*imberbes!*" y los echó. Fue una expulsión brutal. Quienes estaban en la Plaza y quienes seguían el acto por televisión quedaron atónitos. La ruptura de un amor que ahora se manifestaba no correspondido aumentó la caída en picado, que ya se manifestaba desde la matanza en Ezeiza.

Fue una declaración de guerra recíproca. Las sangrientas escaramuzas dejaron de ser escaramuzas. José López Rega ("Lopecito" o "El Brujo"), omnipotente secretario privado y ahora ministro de Bienestar Social, ya había puesto en marcha el escuadrón de la muerte llamado Tres A. Desde ese día y hasta el fallecimiento de Perón el 1° de julio de 1974, un andamiaje que había suscitado tanta esperanza se vino abajo. El líder tuvo un apoteótico entierro, pero fue sucedido por su caricaturesca viuda y las cosas empeoraron más en todos los órdenes, incluso el económico ("Rodrigazo" mediante) hasta desembocar en el golpe de 1976.

Según Feinmann, Perón había muerto un año antes, cuando regresó acompañado por el transitorio presidente Cámpora. Ahí se acabó su mito y el mito del gigante astuto que podía maniobrar los antagonismos de la patria y salir siempre victorioso. "Ningún político como él tuvo la arrogancia o la ambición o el coraje o la locura de atreverse a conjurar los demonios de un fragmentarismo histórico que hubiera producido vértigo en otros y que producía en él la certeza de poder asumir el lugar de la Idea hegeliana." Perón, desde Madrid, se había consagrado a conducir el desorden argentino. Creía ser "un ajedrecista genial". Creía que triunfaría siempre sobre un tablero "delineado por el sonido y la furia de las pasiones individuales, las pasiones de los otros, nunca la suya, ya que él, Perón, nunca ponía la pasión sino que ponía la astucia". Se había transformado en el símbolo de un país convulsionado. Sabía que lo querían "ver regresar en un avión negro, ya que negro es el color de lo maldito, de lo proscrito, de lo que imposibilita el sueño de los poderosos". Por eso autorizaba a todos, legalizaba a todos, todo era bueno para conseguir lo que el pueblo esperaba: que volviese.

Pero el mito requiere distancia y ahistoricidad. Perón en Madrid podía ser mito. Pero al aterrizar de nuevo en el país vuelve a contaminarse: "los mitos no aterrizan; Gardel nunca volvió de Medellín, Evita nunca volvió de su cuerpo frágil y canceroso". Perón sí. Ahora ya no podía ser el sagaz manipulador de las pasiones. "Ahora él era una pasión más, un elemento adicional en una lucha de fracciones."

Hubo un tercer peronismo llamado menemismo. "Yo soy peronista, pero no menemista", dicen muchos, escudándose. "El peronismo *auténtico* —replican— es otra cosa." Es el que reinstalará el reino de la fiesta y de los cielos, es un ideal que nunca se alcanzará.

En efecto, después de Menem vendrá otro y otro. También dirán que son los mejores discípulos del fallecido líder y que expresan como nadie su legado. Y, al mismo tiempo, habrá quienes no se sientan representados por ellos y les negarán autenticidad. En otras palabras, el cuento de la buena pipa.

No obstante, para entender el menemismo —autor en gran medida de que nuestra *encantadora* condición de argentinos se haya vuelto más atroz que nunca—, es preciso dar una corta vuelta por los inicios del movimiento.

Juan Domingo Perón era un coronel del GOU, logia militar germanófila que inspiró el golpe de Estado de 1943. Tenía frescas sus experiencias en Italia y Alemania y conocía el potencial de la clase trabajadora. Causó perplejidad cuando eligió un espacio tan modesto como la Secretaría de Trabajo y Previsión, en vez de un ministerio. Se esmeró en atraer la simpatía de algunos dirigentes obreros, para lo cual lo ayudaba su carácter seductor y afectuoso. En los conflictos laborales se pronunciaba siempre a favor de los trabajadores y éstos se quedaban pasmados al enterarse de que un militar propiciaba el aumento de los salarios y la multiplicación de sus organizaciones. Estaban felices de tener un inesperado aliado en el gobierno. Al mismo tiempo, el Estado Mayor del Ejército fortalecía su sueño de hegemonía continental gracias al respaldo que empezaba a recibir de los trabajadores.

En contra de las interpretaciones que vinieron después, su proyecto no era revolucionario sino fascista. Este dato hiere la buena conciencia de sus seguidores, pero no deja de ser ilustrativo que los fascistas locales siempre se identificaron con el peronismo. En uno de sus primeros discursos radiales, el 2 de diciembre de 1943, Perón dijo que "los gobernantes no se dan cuenta de que la indiferencia que mostraban frente al conflicto social sólo servía para fomentar la rebelión". Y lo que él pretendía era sofocarla... mediante el control de los rebeldes (cosa que ocurriría durante su gobierno y los gobiernos peronistas sucesivos). Agregó en 1944: "No siempre propugnaremos y defenderemos a las agrupaciones obreras, sino que es indispensable disponer de esas agrupaciones para poder cumplir con nuestro cometido" (en otras palabras, usarlas y sobornarlas si fuera preciso). Más claro fue en la Bolsa de Comercio: "Es preferible saber dar un 30% a tiempo que perder todo a posteriori". En 1945, ante el Colegio Militar, cerró sus reflexiones con un giro inolvidable: "esos señores son los peores enemigos de su propia felicidad, porque por no dar un 30% van a perder dentro de varios años o de varios meses todo lo que tienen, y además las orejas".

Perón se inspiró en Benito Mussolini: no sólo las ideas, sino la organización, los discursos, la censura, la asistencia social, la escenografía, la propaganda, la represión política, el balcón. En 1926, cuando había creado el *Dopolavoro*, el Duce fue transparente: "Los patrones tienen un interés objetivo en elevar lo más posible el tipo de vida de los obreros, porque significa mayor tiempo de reposo. En los talleres, el trabajo es mejor y más productivo... Un capitalista inteligente no se ocupa sólo de los jornales, sino que piensa en casas, escuelas, hospitales y en campos de deporte para sus obreros".

El uso frecuente de la radio lo puso en contacto directo con todo el país. Las multitudes postergadas se estremecieron ante el milagro: un militar con poder se manifestaba su protector. Ya no se trataba del gesto corto que tenía lugar en el comité: el regalo de un abrigo, la ayuda de una recomendación. Era una situación insólita, porque desde arriba se propugnaba repartir bienes y establecer derechos que dormían en las legislaturas.

El agresivo avance de Perón y su nunca desmentida simpatía por el Eje, puso en guardia a los sectores democráticos. Ya había empezado a ganar poder en el mismo gobierno, convirtiéndose en ministro de Guerra y Vicepresidente. Era la figura más sobresaliente, lo cual generó desconfianza y envidia entre sus colegas. Un grupo conservador consiguió que lo destituyesen y apresaran. Fue enviado a la isla Martín García, donde tras el golpe de 1930 habían encerrado a Yrigoyen. Pero era tarde para sacarlo de escena. Su gestión había enamorado a una amplia franja del país y el 17 de octubre de 1945 se produjo una concentración en la Plaza de Mayo que reclamó su libertad y su presencia. Mucha gente había recorrido largas distancias y no dudó en mojar sus pies en las artísticas fuentes, lo cual escandalizó a la vieja elite y pasó a ser un símbolo del profundo cambio que se avecinaba. Esa tarde los pobres de la Argentina acuñaron un nuevo grito de guerra:

"¡Pe-rón! ¡Pe-rón!"

No hubo más remedio que traerlo de Martín García hasta la casa de Gobierno y permitirle que se asomara al balcón para tranquilizar los ánimos. El controvertido coronel sintió por primera vez el abrazo de las masas. Asumió que era un líder, asumió que enfervorizaba con su voz profunda y sonora. Desgranó un discurso exultante al confirmar que contaba con un respaldo más imponente de lo que nunca hubiera imaginado.

Tomó entonces la decisión correcta: abandonó la Vicepresidencia, como exigían sus opositores, pero para darles batalla en elecciones limpias. Ya era el candidato de las Fuerzas Armadas, ahora se sentía el candidato de media nación.

Su estrategia lo impulsó a solicitar la compañía de la UCR, cuyo prestigio se había robustecido durante la década infame. Pero en ese partido desconfiaban de su consistencia democrática. Tuvo entonces que presentarse como candidato del Partido Laborista (a su jefe, Cipriano Reyes, después lo encarceló). El resto del espectro político formó una coalición que Perón derrotó en las elecciones del 24 de febrero de 1946.

El país entró en vértigo.

Antes de asumir consiguió que el gobierno militar le facilitase la tarea interviniendo universidades y expulsando a los docentes que militaban en su contra. Luego de tomar el mando actuó con la velocidad del rayo para instaurar una suerte de dictadura legalista: se mantendrían las instituciones de la Constitución, pero debilitadas y sujetas a su poder unipersonal. Removió los cuadros administrativos y entabló juicio político a la Corte Suprema, que fue expulsada, y constituyó otra a su medida. En el Congreso mantuvo disciplinada una mayoría que se tornó cada vez más obsecuente. La Policía Federal, creada tras el golpe de 1943, fue usada en contra de la oposición política y para reprimir los disturbios obreros. Creó el Fuero Policial para que los abusos de los comisarios leales gozaran de impunidad. Instituyó el "certificado de buena conducta" como requisito indispensable para buscar trabajo, viajar al exterior o inscribirse en la universidad; era una sutil manera de encadenar a todos los habitantes y desalentar cualquier protesta. Controló los medios de comunicación y no titubeó en expropiar el diario *La*

Prensa, que lo criticaba. Llegó al extremo de exigir a las instituciones culturales que solicitaran permiso para publicar o reunirse.

Intervino las seis universidades nacionales entonces existentes y puso en marcha una implacable purga. En mayo de 1946 completó la expulsión de casi dos tercios del cuerpo de profesores y en octubre del año siguiente colocó las administraciones universitarias bajo el directo control de sus agentes. Acabó con la autonomía y sepultó los principios de la Reforma.

La marcha hacia una hegemonía férrea fue sistemática. En 1949 reformó el Código Penal y convirtió en delito "ofender de cualquier manera la dignidad de un funcionario público". De este modo impidió que se realizaran o circulasen denuncias contra el enriquecimiento ilícito de casi todos los funcionarios. En 1951 estableció la curiosa ley del "estado de guerra interno", que amplió la competencia de la justicia militar a vastos sectores de la población civil. La delación creció hasta convertirse en virtud, como en los regímenes totalitarios. El miedo se expandió hasta extremos desconocidos. Al mismo tiempo, se dilapidaban fortunas en una propaganda sin freno acerca de las pequeñas y grandes realizaciones gubernamentales o sobre los conmovedores méritos de Perón y de su esposa; la publicidad invadía la radio, el cine, la prensa escrita, las paredes, las tapias, los costados de los caminos.

Un chiste de época —que escuché por el año 1950— dice que Perón y Evita decidieron pasearse de incógnita por Buenos Aires para conocer de cerca la realidad. Nada les llamó la atención y entraron a un cine. Estaban pasando el noticiero. Cada vez que en la pantalla aparecía la insigne pareja, el público aplaudía. Perón le dijo a su mujer: "¡Es notable cuánto nos quieren!". Entonces alguien le tocó el hombro: "Eh, ustedes: ¿por qué no aplauden?, ¿quieren que los metan presos?".

Se puso en marcha un asistencialismo impúdico, desordenado. No sólo se repartieron grandes cargamentos de ropa y comida, sino que las Unidades Básicas ofrecían juguetes, sidra y pan dulce. El objetivo central no consistía en eliminar la marginalidad, sino en despertar un enfervorizado sentimiento de gratitud. Cada regalo venía acompañado por emblemas partidarios y la foto de la pareja gobernante. No lo daba el Estado ni el gobierno: lo daban Perón y Evita. Muchas bicicletas, viajes, muebles, subsidios y otros regalos de la más diversa índole cambiaron la vida y la mente de muchas personas. En numerosos casos aportaron el bien y ayudaron a fortificar la autoestima de gente marginada, pero también contribuyeron a que millones se acostumbrasen a quedar sólo prendidos a las ubres del Estado: los pobres, los ricos y el empresariado nacional. A mediano plazo fue un desastre.

Juan Perón tenía un estilo que combinaba tres

elementos: su formación castrense, la picardía del paisano y la chabacanería del porteño. Seducía en la intimidad y enardecía en las plazas. Su palabra era fluida y subyugante; su sonrisa, gardeliana, abrazaba a casi todos los que se le ponían delante y saludaba con los brazos en alto, de manera cálida y triunfal. Cuando se dirigía a la multitud desde el balcón de la Casa Rosada, no temía el ridículo de preguntarle si estaba conforme con su gestión. Las masas, hipnotizadas por su magnetismo, bramaban un furioso "¡Síííí!", que funcionaba de plebiscito.

Instauró un clima mágico y desató un amor desenfrenado. También odios. Para ambas pasiones la contribución de Evita no tuvo paralelo.

Eva María Duarte de Perón irrumpió como un cometa desbordado por la energía y el resentimiento. Llevaba cicatrices de la marginación y la injusticia, tenía envidia y necesitaba ser amada. Por sobre eso le sobraba un rasgo decisivo: coraje. Cuando ingresó en el poder evidenció apuro por desquitarse de sus carencias pasadas, gozar de pieles, joyas y viajes, hacerse obedecer por quienes gobernaban y maltratar a los poderosos como ellos la habían maltratado; hasta insultaba con palabrotas a los ministros que resistían sus órdenes. Era bastarda, como bastardos fueron millones de mestizos, el gaucho y Carlos Gardel y, a medias, el mismo Perón. Le sobraba desenfado para convertirse en una incontrolable diablesa.

Aplastó a las empingorotadas damas de la Sociedad de Beneficiencia y las reemplazó con la Fundación Eva Perón (ni ella ni su marido tenían recato para bautizar con sus nombres cuanto se les ocurriese: calles, escuelas, plazas, incluso ciudades y provincias). Se convirtió en "la abanderada de los descamisados". Sus discursos aumentaron en agresividad y difundieron un sentimentalismo que crispaba el lenguaje habitual, pero encantaba a las multitudes. Poco antes de morir lanzó su libro *La razón de mi vida,* elevado a texto de lectura obligatoria hasta en las clases de idiomas extranjeros.

Su temprana muerte desenfrenó las emociones. El gobierno obligó a que todos los empleados públicos, incluidos docentes y militares, exhibieran un cintillo negro en señal de luto. Los gestos de obsecuencia a su memoria se multiplicaron al infinito. Se le puso su nombre a estaciones de ferrocarril, teatros, hospitales y, cuando ya no quedaba qué elegir, la dirección general de Observatorios decidió que todos los astros "recientemente descubiertos y los que en el futuro se descubran, sean consagrados a Eva Perón e identificados con nombres que exalten sus virtudes"; en la misma disposición "se asignan los nombres de *Abanderada* y de *Mártir* a los cuerpos celestes últimamente catalogados bajo los números 1581 y 1582".

Su corta y vehemente tarea fue reivindicada en los 70 por la izquierda peronista. En todas partes escribieron *Si Evita viviera / sería montonera*. Más adelante, en el musical *Evita* se la asoció con el Che Guevara, asociación forzada porque no se conocieron y el Che fue antiperonista. Eva Perón en vida no fue revolucionaria, ni siquiera la expresión jacobina del peronismo.

Su trabajo asistencial, su entrega incondicional al líder, su belleza, su actividad incansable, sus salidas escandalosas y su intromisión en la política sin pedir permiso jamás, facilitaron la idealización. Se convirtió en un mito hermoso, universal, que se presta al melodrama y por eso fue exitosamente aprovechado por el teatro y el cine. Su muerte a los treinta y tres años, la edad de Cristo, en el apogeo del poder, arranca lágrimas al más indiferente.

Pero, en contra de lo que el mito propone, la documentación y los testigos revelan que Eva Perón contribuyó a la inmovilización del país, no a su crecimiento. Su Fundación conseguía recursos de origen desconocido y llevó al paroxismo el Estado paternalista: a cambio de repartir regalos, cosechó gratitud y sometimiento. Parecía Robin Hood quitándole dinero a los ricos para dárselo a los pobres. Sin embargo, los ricos que le entregaban sus cheques o sus mercaderías con una sonrisa benévola, no se volvieron menos ricos, porque obtenían de inmediato el permiso de resarcirse con una autorización oficial para aumentar los precios. En cambio, los que se negaban, eran perseguidos por "agio y especulación" en el mejor de los casos, porque hubo algunos que hasta sufrieron expropiación y exilio. Sin vuelta. Es claro que los pobres no dejaban de ser pobres: casi siempre recibían pescado y no cañas de pescar. No les estimulaba la iniciativa y la independencia, sino la pasividad. El mecanismo perverso de ser "mantenidos", de vivir a costa del erario público, se vigorizó. El dañino modelo de la oligarquía rentista, que disfrutaba sin esfuerzo ni riesgo de la riqueza de la tierra, era ahora aplicado a los trabajadores, que empezaron a disfrutar de lo que regalaba el Estado o la Fundación. Y que aún sueñan con volver a lograrlo.

Ella también contribuyó a la domesticación del sindicalismo. Parece mentira, pero se metió como tromba en la CGT y maniató a los dirigentes soliviantados hasta lograr su subordinación. En octubre de 1947, ante la amenaza de una huelga petrolera, les gritó "¡Si paran cinco minutos les saco las tropas a la calle!". Su Fundación, además, contaba con billetes para retribuir a los rompehuelgas. Fue una prefiguración de lo que haría López Rega, a niveles monstruosos, en el Ministerio de Bienestar Social.

Tampoco entendía la emancipación de la mujer, aunque se transformó en su emblema. Vertió en su libro frases de una elocuencia aplastante. "Ningún movimiento feminista —sostenía— alcanzará en el mundo gloria y eternidad si no se entrega a la causa de un hombre." "Nacimos para construir hogares, no para la calle." "El problema de la mujer es siempre, en todas partes, el hondo y fundamental problema del hogar. Es su gran destino. Su irremediable destino." En los hechos apoyó a la reacción, como lo seguirá haciendo el segundo peronismo (Isabel) al vetar la ley de patria potestad compartida. Su subordinación al hombre resulta nítida: "Como mujer pertenezco totalmente (a Perón), soy en cierto modo su esclava, pero nunca como ahora me he sentido más libre".

La gran reivindicación femenina que se instaura en su tiempo es el voto femenino, innovación que no es de ruptura porque ya había sido recomendada por la Santa Sede en 1919, teniendo en cuenta el peso conservador y religioso que significaba la mujer. A las legisladoras femeninas Eva las obligaba a escribir cartas con expresiones de absurda deslealtad partidaria —según confesó la otrora vocinglera vicepresidenta de la Cámara de Diputados, Delia de Parodi— que usaría en su contra si arriesgaban indisciplinarse.

Hace unos meses el *Public Record Office* de Londres fue autorizado a develar los informes del embajador Sir John Balfour, que se desempeñó en Buenos Aires desde 1948 a 1951. Sus descripciones de la Argentina ya no correspondían a las imágenes de nación promisoria, sino a la de una republiqueta conducida por un gobierno autoritario y corrupto. Uno de los informes se refiere al banquete que tuvo lugar el 27 de mayo de 1949, después de bautizar con el nombre de *Eva Perón* a una nave construida en Gran Bretaña. Sir John fue sentado junto a la primera dama, bajo un retrato de ella misma. La decoración era lujosa y los ceniceros colocados en las mesas tenían inscriptas frases de los discursos de Eva y de Juan Perón. Sir Balfour, educado en Eton y Oxford, procuró iniciar una conversación comentando que ella debía sentir "una pesada responsabilidad" frente a sus compromisos.

—¿Responsabilidad? —replicó Eva con falsa sorpresa—. Pero si yo no soy nadie. No soy más que una sirvienta que pela las papas del chef. ¿No es cierto? —preguntó a su marido en busca de aprobación.

Cuando la banda tocó la marcha de la juventud peronista —sigue el informe—, "la señora entonó todas las estrofas con el gusto de un escolar en vacaciones". Y cuando un admirador le entregó una poesía, el diplomático se sorprendió al verla "entusiasmada por lo que era, sin duda, un elogio exuberante, pero técnicamente incompetente". "El ministro del Interior, consciente de que todo era un desastre, no dejó de sonreír en forma aprobatoria." Eva Perón era frívola, infantil y presumida.

La descripción que el embajador hizo del régimen fue lapidaria: "Gastos pródigos y demagógica propaganda con la idea de captar votos, entrega de favores a troche y moche sin correspondientes intentos de inculcar en sus receptores un sentimiento cívico de responsabilidad, vengativos llamados al odio de clases, crecimiento de la corrupción y de la burocracia, enriquecimiento de personas en altos puestos y, más que nada, la proyección a la escena nacional del vodevil, por no decir la pantomima, de una mujer que, hasta que se unió a Perón, no tenía otro conocimiento de la vida pública que aquella concedida a una actriz menor".

Su modestia no era auténtica. Una carpeta de octubre de 1950 revela cómo instruyó a los embajadores argentinos en Bélgica, Holanda y Suecia con el fin de que sus gobiernos le otorgaran sus más altas condecoraciones. Los belgas trataron de conformarla con una medalla menor, que ella rechazó de plano. Los holandeses consultaron a los británicos y éstos, temiendo que les exigiese lo mismo, recomendaron "la más firme resistencia". El *Foreign Office* no ocultó su malestar: "Las ambiciones de Eva Perón no tienen límites. Los próximos tentáculos parece que serán colocados en Noruega, Dinamarca y el Vaticano".

Por un lado se sancionaban leyes que beneficiaban a los trabajadores como nunca antes, por el otro se los obligaba a afiliarse a los sindicatos manipulados por el líder. Los dirigentes que se negaban a la obsecuencia eran desplazados y algunos, perseguidos.

Las huelgas fueron aplastadas sin anestesia; en la Reforma Constitucional de 1949 se llegó al extremo de que la representación peronista se opusiera en forma expresa, sin ruborizarse, al derecho de huelga. Las movilizaciones fueron prohibidas, excepto las organizadas para convalidar el régimen. Quienes apoyaban el peronismo vivían de fiesta, quienes lo repudiaban debían callar o exiliarse.

La política económica tenía el sesgo de la ubicua intervención estatal. Continuaba la tendencia predominante en el mundo de estatizar, controlar y planificar. Esto llevaba al monopolio, la corrupción y la ineficiencia. Los controles estaban al servicio de amigos y fieles, no de la gente más capaz. Se compraron los ferrocarriles con intensa propaganda, a fin de ganar sufragios y encubrir un negociado terrible; la operación fue presentada como fruto de una negociación genial, pero se pagaron 2.462 millones de pesos por bienes que la dirección nacional de Transportes había valuado en 730…

En 1950 se empezaron a notar las consecuencias del despilfarro sostenido. Aunque la Constitución de 1949 expresaba a través de su cacareado artículo 40 que los recursos del suelo son inalienables —"bastión de nuestra soberanía" según Scalabrini Ortiz—, Perón decidió violarlo mediante concesiones a la petrolera California. En 1952 se debió comer sólo pan negro, por falta de trigo en el país del trigo. Los lingotes de oro del Banco Central se habían esfumado.

Las fallas se tapaban con discursos agresivos, los opositores eran acusados de contreras, vendepatrias y cipayos. No quedaban resquicios por donde manifestar la crítica sin ser descalificado como enemigo del país.

En lo cultural se degradó la excelencia. Lo nacional equivalía al folklore. Se confundía arte popular con arte pobre. Es cierto que se recuperaron muchas fuentes y se ampliaron los escenarios. Pero se alió el atraso con la reacción. Se confundió cultura de punta con cultura *kitsch*; y esto se extendió al cine, la monumentalidad de los actos partidarios, la arquitectura y la escultura oficial. Estas actitudes, sin embargo, contribuyeron a jerarquizar el arraigo en un país con mucho desarraigo.

La universidad sufrió profanación y devalúo. Junto a muchos artistas, ilustres investigadores debieron dejar el país. Los docentes eran elegidos con criterio político y se los obligaba a cometer actos humillantes como, por ejemplo, solicitar la reelección de Perón, otorgar doctorados *honoris causa* a Eva, tomar exámenes todos los meses y formar mesas especiales (secretas) para los líderes de la CGU. Este sistema de exámenes mensuales fue presentado como una "conquista" estudiantil, pero en realidad era soborno, una concesión al facilismo, que permitía graduarse sin esfuerzo.

El ingrediente fascista que latió durante el primer peronismo llevó a un punto crítico después de la reelección presidencial. O el régimen avanzaba hacia un Estado abiertamente totalitario o se desmoronaba. La fiesta inicial, las publicitadas reivindicaciones, el "teatro" de la revolución, el endiosamiento del líder empezaron a dar muestras de agotamiento. La nueva dirigencia, integrada por burócratas sindicales, policías, funcionarios venales, nuevos ricos y lumpen con poder, generó creciente rechazo. La ambición de instaurar un partido único hizo agua y pocos meses antes de su caída el gobierno cedió la radio a dirigentes de la oposición. Pero los tiempos se habían consumido. No alcanzaron las movilizaciones de masas, ni el lenguaje incendiario, ni la exaltación nacionalista.

Una coalición de Fuerzas Armadas, clero y partidos opositores llevó a cabo la denominada Revolución Libertadora. Perón fue acusado de haber cometido traición a la patria, degradado las instituciones de la república y haberse enriquecido a costa de la nación. Se lo empezó a llamar "el tirano depuesto". Se prohibió su nombre, su partido y sus símbolos; desapareció el cadáver embalsamado de Evita, se borraron todas las referencias a la pareja que fue gobernante y se destruyeron sus estatuas y cuadros.

El odio acumulado se extendió al común de la gente que lo amó y apoyó. Un desprecio inconsciente, robusto, que proviene del fondo de nuestra historia, se derramó sobre los peronistas, identificados con la hez del país, como lo habían sido a su turno los indios, los negros, los gauchos, los mestizos y los inmigrantes. Fueron señalados como la barbarie irredimible. No sólo eran los *cabecitas negras*, sino algo más horrible: el *aluvión zoológico*, la multitud salvaje que pretendía arruinar la civilización.

El fanatismo antiperonista se cobró venganza por el virulento fanatismo peronista que le precedió. Figuras equilibradas y lúcidas nunca perdonaron a Perón sus abusos e irresponsabilidad. Incluso les costó comprender que millones de seres mantendrían una gratitud inmarcesible hacia el hombre y el régimen que los había hecho sentirse dignos e importantes, aunque el régimen hubiese sido una tiranía que desnaturalizó muchos valores. Jamás reconocerán cuán psicópata y corrupto fue Perón: sólo recordarán sus regalos y su afecto.

El peronismo nunca tendrá buenos vínculos con la lógica, sino con la ilusión. Como ilusión, mantendrá encendida la llama de "la revolución inconclusa". Evocará el paraíso perdido, que es el único paraíso real. Y soñará con su imposible restauración. El amado líder seguirá impoluto, cada vez más sabio. Las críticas no harán mella. Apenas un año después de expulsado, en una cancha de fútbol la hinchada enronquecía al grito de: *¡Puto o ladrón / queremos a Perón!*

¿Hace falta hacer un recuento pormenorizado de las notables semejanzas del menemismo con la versión fundacional del peronismo?

En ambos hubo fiesta, psicopatía, culto de la personalidad, corrupción, abusos, ineficacia, impunidad y doble discurso. Ambos contaron con figuras venidas de otras denominaciones políticas, algunas valiosas y otras impresentables. En ambos se cambió la composición de la Corte Suprema y se evaporaron los sistemas de control para asegurarse la impunidad. En ambos se tendió a la hegemonía política y se modificó la Constitución Nacional para legalizar la reelección del presidente. El Estado fue usado para el enriquecimiento del jefe y sus amigos, así como para una propaganda oficial impúdica que culminó con un *Menem lo hizo* (todo). Perón estatizó y Menem privatizó, sin que ninguno se preocupase por la limpieza de las transacciones y el beneficio de los usuarios.

Es claro que los tiempos ya no permitían la persecución y censura de los 40 y 50. El peronismo había evolucionado hacia la democracia, tanto externa como interna. Durante el menemismo hubo libertad de prensa y de reunión. Los políticos tuvieron acceso irrestricto a los medios de comunicación. Y, al final de una década en la que se sucedieron escándalos de variado color e intensidad, entregó por primera vez el poder en forma pacífica a otro partido.

Pablo Giussani nos asombra con su formidable capacidad diagnóstica cuando ya en 1990 publicó

Menem, su lógica secreta. Lo definió: "cultor de la política como espectáculo". La división entre sus amigos y adversarios tendía por momentos a ser "la que existe entre quienes se divierten y quienes se aburren". El común denominador entre los dos grupos radicaba en que ambos creían estar asistiendo a una ficción. "De ahí que muy pocos le dedicasen el tipo de pensamiento indagador que suele destinarse a la realidad." Cuando dejó la presidencia, empezó la novela de su noviazgo con Cecilia Bolocco.

No podemos cerrar este capítulo sin referencias al sindicalismo argentino que, por diversas razones, fue precoz y estrechamente encadenado al movimiento peronista. Este hecho singular le brindó fuerza, protagonismo y, también, una costosa desnaturalización.

En efecto, los dirigentes sindicales de las últimas décadas se caracterizan, en su mayoría, por gozar de privilegios irritantes, enriquecerse en una forma desproporcionada a sus ingresos, vincularse con sectores corruptos y usar demagógicamente a sus dirigidos para mantener cuotas de poder. Son escasas y heroicas las excepciones.

Durante el primer peronismo fueron obsecuentes con la pareja gobernante, bajo pena de ser expulsados o metidos en la cárcel. En los tres lustros de casi total prohibición del peronismo, se convirtieron en su columna vertebral y hasta llegaron a entenderse con la dictadura de Onganía. Al regresar el líder, oscilaron entre el socialismo y la reacción, con suerte diversa. Fueron perseguidos al caer el régimen de Isabel, con el que se aliaron y al que también asediaron para obtener ventajas sectoriales. Con el retorno de la democracia volvieron a ganar espacio a costa del país: ordenaron catorce paros generales infecundos y perturbadores. En su mayoría, luego, apoyaron a Carlos Menem en las elecciones internas para la designación del candidato presidencial. Durante los diez años y medio que éste ejerció el poder, los otrora ruidosos sindicalistas se llamaron a un silencio increíble: no convocaron a protestas significativas cuando se polarizaba la riqueza, se vendían los bienes del Estado, se producían escándalos de mega corrupción y creció hasta niveles inéditos la pobreza y la exclusión social. En la calle, el bar o los taxis se insistía, con rabia e impotencia, en que estaban demasiado ocupados en contar los billetes que les llovían por su silencio o sus negocios.

A poco del cambio gubernamental se sintieron de nuevo llamados a la guerra santa, para no perder su rol de representantes y "defensores" de la clase trabajadora. No miden el recurso de huelga por los beneficios que reporta al pueblo, sino por el poder que ganarán los mismos dirigentes. Incluso se transparenta la sórdida competencia que libran entre sí, a ver cuál es más macho y, de esa forma, conquistar espacio en los medios.

Los sociólogos que han estudiado el movimiento sindical argentino siempre coinciden en su perplejidad. ¿Cómo —se preguntan— sujetos tan reaccionarios, hipócritas y corruptos pueden engañar con éxito a millones de trabajadores? ¿Será también la dirigencia sindical —rama teratológica del movimiento peronista— otro de los fenómenos "incorregibles" que hacen atroz el encanto de ser argentinos?

CAPÍTULO VI

Educación de príncipes...
y mendigos

Hubo un tiempo en que nos enseñaban el Himno Nacional, el Himno a la Bandera, la Marcha de San Lorenzo y el Himno a Sarmiento, en ese orden y sin opción a réplica. Amábamos esos ritmos y melodías, pero las letras resultaban incomprensibles. Con Sarmiento se cerraba la serie de cantos patrióticos como si fuese un dorado broche. No había permiso para impugnar la dimensión de ese prócer, cosa que recién cobró impulso con el revisionismo rosista. El fogoso sanjuanino era un titán, un orgullo compartido, un héroe instalado apenas detrás de San Martín, el Libertador. Su gesta estribaba en la educación para todos, que convirtió a la Argentina en un país modelo. La educación era entonces prestigiosa y prestigiaba, era objeto de un encendido amor. Por eso se disparaban expresiones fanáticas sobre don Domingo Faustino: "padre del aula", "inventor de la escuela", "maestro universal". Su energía era comparada a la de un cíclope y su dimensión, a la de una montaña. Pero algunos chicos —me incluyo— cuestionábamos tanta reverencia al pelado y severo prócer porque fue el "inventor", precisamente, del lugar donde teníamos que concurrir a diario para esforzarnos y disciplinarnos.

Laterales y borrosos quedaban sus demás méritos, entre otros haber sido el mejor prosista del siglo XIX latinoamericano. Sarmiento se focalizaba como el numen de la educación y su brillo dejaba fuera a los otros grandes de dicho campo. Nos conmovía su personal tenacidad. Fue un niño pobre de una provincia remota que, con sacrificios y valores potentes, logró atravesar murallas hasta convertirse en una figura relevante. El ministro Manuel Montt de Chile le encomendó la dirección de la primera Escuela Normal. Luego fue comisionado para realizar un largo viaje de exploración y estudios.

Su cabeza fértil evaluó sin concesiones a Francia, Italia, Prusia, España, Gran Bretaña y los Estados Unidos. Fue en Massachusetts donde encontró el mejor modelo. Y se adelantó a otros al reconocer que dos factores convertirían a los Estados Unidos en una gran potencia: la educación masiva y la ecuánime distribución de las tierras. Observó que la gente común habitaba en buenas casas, disponía de suficiente ropa, tenía arados, aperos y máquinas de coser. Que hasta en lugares apartados podía leer anuncios comerciales y se enteraba de temas políticos. La comparación con su patria hundida en el despotismo y la ignorancia le daba escalofríos. Por eso, cuando regresó y fue gobernador de su provincia, implantó sin rodeos la enseñanza primaria obligatoria mucho antes de que se sancionase la histórica Ley 1.420. Pese a que tenía una fama de mujeriego que alarmaba a las madres celosas de la virtud de sus hijas, bregó para que las niñas recibieran la misma enseñanza que los varones. Tampoco dudó en importar maestras extranjeras ante la notoria falta de docentes locales. Su visión integradora lo impulsó a defender el laicismo, que en aquella época significaba cargar sobre la espalda a enemigos poderosos.

Pertenecía a una generación cuyos dirigentes mantuvieron enfervorizadas disputas y sanguíneos personalismos, pero que se abrazaban en los grandes objetivos de la nación. Por eso, años antes de su muerte pudo disfrutar del primer Congreso Pedagógico Nacional (1882). El segundo fue inaugurado un siglo después por el presidente Raúl Alfonsín.

En ambos se hicieron ingentes esfuerzos para involucrar al mayor número de participantes y de ideas, pero el segundo abundó en declamaciones sobre la importancia de la educación sin conmover a la sociedad ni conseguir resultados trascendentales. La sociedad argentina, después de la dictadura llamada "Proceso", estaba ocupada en restañar el tejido de las instituciones, aplacar a los militares que no aceptaban la majestad de la justicia, superar enconos partidistas y corporativos, luchar contra la inflación. La Iglesia católica fue quizás la que más se involucró en los debates del Congreso, pero su Episcopado seguía anclado a lastres que no le permitieron jugar un papel lúcido y convocante. El segundo Congreso se clausuró sin pena ni gloria. En materia educativa nuestro país había cambiado... para mal.

No fue así el primero. Para nada.

La Argentina de fines del siglo XIX debatió la educación con vehemencia. Asumió la responsabilidad que correspondía al Estado y demás instituciones sociales; lo hizo con un ímpetu y una agilidad mental sin precedentes. Los ciudadanos trepaban por los escabrosos comienzos de la organización nacional y debían ponerse de acuerdo sobre quién dictaba los métodos y planes de estudio; quién supervisaba la enseñanza; quién tenía legitimidad para emitir títulos habilitantes; quién debía formar a los docentes; quién financiaba la educación. Hubo matices que generaron disputas vocingleras y hasta amenazas de puño, pero se coincidió en que la enseñanza debía ser común, obligatoria, gratuita, laica y sostenida en forma predominante por el erario público.

Se aceleró una tendencia que venía siendo consensuada, y se produjo un florecimiento que nos colocó a la cabeza del continente latinoamericano. Se sucedieron éxitos contagiosos: el sistema logró una disminución sostenida del monstruoso analfabetismo, aceleró la integración de la avalancha inmigratoria, estimuló el arraigo nacional y el sentimiento de patria. Expandió una base cultural común sobre la que era posible la creación, el respeto y saludables diferencias. Eran momentos de gloria.

Como señala Adriana Puiggrós, "la Argentina ha llegado a amalgamarse; prueba es que hoy no aparecen como antagónicas las diferencias entre españoles e italianos, ni siquiera entre entrerrianos y santafesinos, riojanos y porteños".

Es claro que nunca, en ninguna parte, los sistemas son perfectos ni inmortales. Hubo distorsiones, abusos y escoria. Hubo fraudes y corrupción. No fueron mancos quienes podían arrancar beneficios espurios. La oligarquía (tanto la rancia como la nueva, tanto la visionaria como la bruta) no dejó de meter las zarpas en un instrumento tan valioso como la educación. No obstante, los cimientos de la escuela primaria eran muy macizos y sólo consiguieron "acomodar" en mejores puestos a sus hijos e hijas, sin que esta corruptela causara un daño significativo. El nivel secundario estaba mayormente cubierto por profesionales universitarios (médicos, ingenieros, escribanos, arquitectos, químicos, físicos, abogados), muchos de los cuales provenían de las clases emergentes.

Los privilegios se concentraron en las tres universidades existentes a principios del siglo xx (Córdoba, Buenos Aires, La Plata). La indignación en el interior de los claustros se potenció con los cambios que generaba la presidencia de Yrigoyen y determinó que en 1918 se produjese la Reforma Universitaria, la más sonora y trascendente explosión estudiantil que conocería el siglo hasta mayo de 1968. Su perfil audaz sacudió no sólo el sistema universitario nacional, sino los de toda América latina. Iniciamos una experiencia inédita.

La Reforma hizo hervir impulsos, motivación y resultados. Sólo fue interrumpida por las dictaduras o los regímenes autoritarios que, lógicamente, causaron grandes retrocesos en la educación y en la ciencia.

Ahora, cuando nos introducimos en el siglo XXI, vemos que la Reforma sigue vigente. Pero —hay que decirlo pese al dolor— ya no es la misma de antaño. Quienes la hemos celebrado y defendido, nos entristecemos al advertir sus innegables síntomas de ocaso. ¿Cumplió su ciclo y sobrevive por inercia? ¿su gloria pasada nos inhibe de ofrecerle un digno funeral? Nunca tuvo más aceptación que ahora, porque rige en las treinta y siete universidades nacionales del país; pero nunca tuvo tan escaso poder creativo, flexibilidad y ambición. Aquello que erizaba de entusiasmo como el rocío del amanecer, se volvió quebradizo e ineficiente. Equivale a una desteñida bandera bajo la cual se amontonan intereses corporativos, facilistas y también corruptos. En el mejor de los casos, sirve para la contención juvenil (lo cual no es poco, pero es insuficiente).

Se impone concebir y hacer estallar la primavera de una nueva Reforma. Con imaginación, coraje y altruismo, como en 1918.

Los intereses parciales y el olvido de la excelencia académica determinaron que casi todas las universidades públicas y un sector de las privadas se hayan convertido en fábricas de graduados mediocres. La excelencia se reduce a franjas delgaditas. Es una realidad que oprime, y es una opresión compartida por docentes, estudiantes y la sociedad entera. Nuestras universidades públicas ya no son los actualizados almácigos de investigadores que cuentan con recursos para mantenerse a la vanguardia de la ciencia mundial, ya no producen los maestros que garantizan el dominio de las altas cumbres, ya no generan "escuelas" trascendentales, ya sus títulos no irradian la credibilidad de tiempos idos. Ahora, después de rendir todas las materias, los jóvenes profesionales tienen que someterse a cursos de posgrado, maestrías o residencias, dentro o fuera del país, para ser confiables. Estos estudios adicionales no se realizan para alcanzar un nivel de sofisticado refinamiento sino, en primer lugar, para cubrir los huecos que les dejó el paso por la universidad. Y, en descargo de la universidad, debemos reconocer que la ignorancia con que los estudiantes llegan a sus umbrales no puede ser subsanada por seis o siete años de una facultad, porque ni siquiera están en condiciones de aprovecharla. Los argentinos que se reciben aquí y luego demuestran en el exterior que están bien formados son una excepción: antes era la regla.

Hemos mencionado la contención juvenil que realiza la universidad pública. Un pensador del nivel de Tomás Abraham defiende a la universidad masiva, carenciada y mediocre porque "es una bendición de Dios, no sólo del Estado". Nos recuerda hechos innegables: los jóvenes no tienen trabajo y tampoco dinero; sólo en el conurbano bonaerense hay 300.000 que ni estudian ni trabajan porque el mercado los expulsa. Muchos emigran para encontrar afuera lo que no existe en el país, pero regresarían en cuanto la situación mejore. Frente a este penoso cuadro, un millón de jóvenes concurre a las universidades. De ese millón, un 90% lo hace en las estatales, donde se les brinda ingreso irrestricto y no pagan aranceles. Sostiene Abraham que "la universidad no es sólo una fábrica de profesionales. En la universidad los jóvenes adquieren nuevos modos de sociabilidad que tienen que ver con el estudio y con los problemas del país. Pueden tejer lazos de solidaridad, deben realizar tareas que les exigen un método y una disciplina". Añade que "entrar en un ambiente de estudio, aunque se estudie poco, es un acto de resistencia contra la derrota cultural y educativa".

Comparto su sensibilidad y su razonamiento. Pero ese tipo de universidad no nos llevará lejos: es un bote salvavidas para nuestra deplorable coyuntura, no un trasatlántico. No es la universidad de un país que aspira a un futuro venturoso. Cumple una función social, no académica. Remienda agujeros.

La contención también se practica en los niveles más bajos para que los alumnos no deserten. Se da de comer, y se evita aplazar en las escuelas y los colegios: infinitos recuperatorios y otras medidas tienen el fin de *aprobar* a toda costa. Los exámenes son odiados por docentes y estudiantes debido a que sacan el velo de aquello que debe mantenerse velado: la decadencia de nuestro sistema educativo. La vida, en cambio, es una sucesión permanente de exámenes; y es en la escuela donde conviene aprender a enfrentarlos.

Se ha producido el fenómeno peculiar de las organizaciones estudiantiles. ¿Qué son? ¿para qué sirven? Digámoslo enseguida: surgieron como fruto original y terapéutico; su presencia y combatividad modernizaron los claustros. Pero digamos también que tanto nos hemos acostumbrado a su protagonismo, que ya no reflexionamos sobre su actual validez. ¿Siguen siendo necesarias, tal como funcionan ahora? Luchan por los derechos humanos, debaten el modelo de país, analizan la política internacional y concurren a los escraches contra protagonistas de la pasada dictadura. Eso está bien: enriquecen al alumno con ingredientes que no son la exclusiva profesión. Pero casi nunca ponen el acento en la capacitación docente, ni en mejorar las partidas para la investigación, ni en conseguir un nivel más alto de conocimientos, ni en estimular métodos que lleven a un contacto más fértil entre profesores y alumnos. No. Sólo ayudan a insertarse en el mundo, a generar pasión por las grandes causas y promover la solidaridad. Repito que eso está bien. Pero tampoco mintamos: sus luchas ya no mueven un pelo, ni cambian el mundo o el país, ni siquiera el alicaído ámbito universitario. Para bien o para mal, los 60 y los 70 quedaron atrás. Y temo que las organizaciones estudiantiles también quedaron atrás. Créanme que me duele escribirlo.

Puede que, tal como funcionan ahora, atraigan, diviertan, enfervoricen, y que algunos dirigentes lleguen a incorporarse en los gobiernos. Maravilloso. Pero ¿es justificable el escaso espacio que dedican al prestigio y la eficacia de la universidad misma? Resulta disonante, por ejemplo, que califiquen de "conquista estudiantil" una medida cuyo verdadero propósito es zafar, obtener el título estudiando menos y practicando nada. Esa no es una "conquista", es un gol en contra.

Sé que me estoy creando enemigos. No importa:

tengo esperanzas de que en algunos años, cuando adviertan que el clientelismo es trampa y no bendición, compartirán lo que ahora digo.

Tampoco debemos esquivar una crítica a la financiación de esas organizaciones, que se ha convertido en un tema tabú. Pero deprime que en los pasillos se murmure sobre dirigentes rentados y la proliferación de las prebendas. Desencanta advertir que se publicitan beneficios como si fuesen un mérito de una determinada organización, pero esa organización sólo canaliza lo que viene de otra parte. Las llamadas secretarías de apuntes son rincones donde máquinas fotocopiadoras reproducen capítulos de libros para cada materia; es el botín más codiciado porque significan una descomunal fuente de ingresos en negro. Además, esas fotocopias infligen un gravoso daño cultural: la mayor parte de ellas son fragmentarias y descartables, estimulan el abandono de los libros y el alejamiento de la gimnasia que significa consultar bibliografía.

Los dirigentes —dejamos a salvo sus cualidades personales— despliegan una actividad minúscula respecto del destino de la universidad misma, insisto. Ya no son como los líderes de la Reforma. Es tan insignificante su aporte que la gente se suele preguntar por qué la prensa les brinda tanto espacio. ¿Interesa si los jóvenes pertenecen a uno u otro partido político, si son de Franja Morada, de UPAU, del Partido Obrero o el MOVES? Hasta surgió el TNT (Tontos pero No Tanto). Celebro esta nota de humor, porque denuncia sin rodeos y exime de agregar otras pruebas.

En 1918 la militancia estudiantil sirvió para inyectar libertad, democracia y progreso. Hoy no sabemos bien qué inyecta.

La Argentina necesita que la universidad pública recupere su nivel y fortaleza. Ha sido el hontanar de celebridades y de escuelas, ha sido el instrumento de un progreso real. Ahora es un paquidermo debilitado.

Desde hace décadas los argentinos también transformamos en tabú el ingreso irrestricto. No se lo puede ni siquiera analizar. Quienes apenas insinúan alguna variación, reciben el automático anatema de reaccionarios. Pregunto: en alguna parte del universo, ¿es exitoso el ingreso irrestricto? Más aún, ¿existe el ingreso irrestricto? Porque ingreso irrestricto significa la ausencia de cualquier barrera: puede entrar el que quiere estudiar y el que no, el que está preparado para sacar provecho y el que no entenderá casi nada.

Hubo una época en que el ingreso irrestricto sirvió para romper el monopolio que ejercía una limitada franja social, con censura en las cátedras, bolilla negra en los concursos e impúdicas discriminaciones étnicas y clasistas, tanto para los estudiantes como para los docentes. El ingreso irrestricto fue un antídoto contra la ponzoña de los cavernarios. Pero ahora significa poner en un bote a mil personas, cuando sólo se mantiene a flote con veinte. El bote se hundirá. Se hundirá sin remedio, no podrá vencer las leyes de la física. Pero (¡vaya maravilla solidaria!) no importa —se dice—, nadie queda afuera…

Sinceremos la cosa, aunque el tabú nos persiga a dentelladas. Ningún establecimiento está en condiciones de brindar excelencia cuando se atiborra. Tampoco la gente está en condiciones de aprovechar sus servicios cuando se incorpora con evidente falta de capacitación. ¿Cómo resolver el problema? ¿tomando el toro por las astas? ¿haciendo tratamientos profundos? ¿poniendo la mirada en el largo plazo? No. En la Argentina se prefiere resolver el enorme problema… atando con alambre. Parches, remiendos.

Entre las medidas más importantes apareció el Ciclo Básico Común (CBC). ¿Fue un ciclo de intensa y fecunda capacitación? Bueno, hubo de todo, pero lo mejor que se puede decir es que sirvió de *relativo* filtro. No mucho más. Con o sin CBC, a esta altura del partido, se puede asegurar que las cosas no se tornaron diferentes.

Los cupos tropiezan con la equidad mal entendida. Los cupos suenan a discriminación, a insensibilidad. Y contradicen el principal rol que ahora debe tener la universidad pública: contención social. Sin embargo, los cupos se utilizan en cualquier otra situación cotidiana: en los restaurantes, en los cines, en las canchas, en nuestra capacidad de atender varios asuntos a la vez. La ausencia de cupos desquicia, pero es el cianuro que le hacemos tomar a la universidad por años y años.

Desde luego, deberían realizarse exámenes apropiados y transparentes. Y deberíamos quitarnos el odioso hábito de los eufemismos. Hay que decir las cosas por su nombre: los exámenes son imprescindibles para seleccionar a los más capacitados, a los que poseen una vocación real y por eso se venían preparando mejor. Los beneficios de una rigurosa selección se multiplicarían. Los estudiantes sabrían desde la escuela primaria que, para acceder a la universidad, deben cultivar el esfuerzo, ¡que no hay otra! Tendrían que mostrar su nivel y, eventualmente, afrontar pruebas. Es bueno recordar que las pruebas son parte de la vida.

Nos queda otro tabú: el arancelamiento.

Una estudiante me preguntó de qué forma yo condenaba los intentos de hacerles pagar algo a los alumnos. Estaba segura de que me oponía a cercenar la gratuidad absoluta de la enseñanza, como por lo general opina la gente progre. La estudiante no tenía en cuenta, por supuesto, que para mí ya no estábamos en 1882, cuando el primer Congreso Pedagógico, ni en 1918, cuando la Reforma. Le pregunté si no le molestaba que esa gratuidad absoluta —expresión equívoca, porque paga el conjunto de la sociedad— fuese burlada por una alta tasa de deserciones. Me miró sorprendida. Entonces le recordé que debido a la generosidad sin límites con que son acogidos en la universidad, muchos estudiantes se vuelven crónicos y muchos más abandonan los estudios sin siquiera decir gracias por los costosos recursos que consumieron durante años al divino botón. Su perplejidad crecía tanto que poco faltaba para que me mirase como a un monstruo. Entonces yo, convertido en monstruo, le pregunté si el compromiso que la sociedad debía poner en la educación no merecía la reciprocidad de un compromiso estudiantil.

—¡Compromiso sí! —contestó—; pero ¿y los pobres? Entonces dije:

—¿Y los ricos? Los ricos tampoco pagan en la universidad estatal.

Agregué de inmediato que el compromiso que se debe exigir es dinero a los que pueden, y a los que no pueden, horas de trabajo, aunque sea limpiando aulas. Además, parte de lo que se recaude deberá servir para ofrecer becas dignas y operativas a quienes demuestren una real vocación, porque nadie con vocación y ganas de esforzarse debería quedar marginado. Lo que no debe subsistir, por el contrario, es esta distorsionada equidad social que brinda escasos beneficios y provoca un deterioro incesante de la calidad universitaria argentina.

Es absurdo dictar clases para cientos de estudiantes que ya ni caben sentados en el piso o colgados de las ventanas, y donde es imposible una relación fructífera entre el profesor y el alumno. La universidad de masas –con ingreso irrestricto y sin arancelamiento alguno– es la universidad de la contención social, sí, pero también de la demagogia, la ceguera política y la mediocridad académica.

Esto no es compartido, por supuesto.

Los treinta y siete rectores de las universidades públicas cerraron sus deliberaciones interuniversitarias hacia fines del año 2000 con un documento en el que se oponían "firmemente a las ideas mercantilistas que buscan transformar la educación superior en un bien transable reservado casi exclusivamente a los sectores más favorecidos de la población".

En ese documento no se aclaraba de qué forma las universidades disminuirán el grosero nivel de deserciones, mejorarán el nivel académico y aumentarán los fondos destinados a la investigación. Como parche se barajó la propuesta de establecer un impuesto a los graduados. El rector Mario Barletta dijo que "alguien que tuvo el privilegio de acceder a la educación pública gratuita, logra inserción laboral y tiene renta diferencial, debe hacer un aporte" y sumó como propuesta el aporte voluntario de los estudiantes "a través de cooperadoras", como lo permite hoy la Universidad de Córdoba. Es decir, con mucho miedo a irritar fijaciones ideológicas de otro tiempo, con proclamas destinadas a no perder votos, se comienza a insinuar un compromiso que hasta el presente brillaba por su ausencia. ¡Bienvenido!

Se defiende la herrumbrada tradición de que el presupuesto sólo provenga del erario público. Está bien que aporte *la mayor parte*, así garantiza el derecho de las mayorías, pero no todo. El Estado no debe esquivar sus deberes en materia de salud, justicia, seguridad y educación. Pero el Estado argentino, pese a las privatizaciones, aún es un monstruo burocrático que no cumple con sus elementales deberes. Es preciso transformarlo en un pequeño y grandioso protagonista. Pero hasta que eso se logre, asumamos que ni siquiera ofrece los recursos básicos. Se impone buscar otras fuentes de financiamiento. Durante el último verano, en la facultad de Ciencias Económicas de la UBA —¡poblada con 50.000 estudiantes!— se realizaron formidables obras de remozamiento a un costo de 800.000 pesos. Fue posible gracias al aporte de unas pocas empresas privadas. Carlos Degrossi, decano de la facultad, dijo: "Esta es una fórmula de cooperación que la universidad pública todavía no ha profundizado. En parte, se debe al temor de que la proximidad de la empresa privada haga perder ciertos principios ideológicos"...

¿No es para quedarse mudo? ¡A qué le tienen tanto miedo! Felicito al decano por su sinceridad y por haberse atrevido a beneficiar su institución con dichos aportes. Y lo felicito por haber sintetizado el nudo de arcaísmo, miedo y taradez que prevalece en amplias franjas de la educación pública. La más bella de las ideologías puede convertirse en una trampa si no existe suficiente coraje para enfrentar creativamente los datos de la realidad.

Mientras así ocurre entre nosotros, en Brasil el debate sobre arancelamiento universitario se trasladó al Congreso. Resulta que han descubierto algo evidente pero negado: *los ricos estudian en universidades estatales (gratuitas) y los pobres en las privadas (!)*. Esta paradoja se debe a que durante la enseñanza primaria y secundaria, los hijos de las familias con mayores ingresos envían sus hijos a las escuelas privadas de buen nivel y con variedad de actividades complementarias. Los hijos de las familias con menores recursos acuden a la escuela pública, por lo general desmantelada y de bajísimo nivel. Cuando terminan el secundario, ambos sectores anhelan acceder a la universidad pública, en especial la de San Pablo y la Federal de Río de Janeiro, reconocidas por su excelencia. Pero el examen de ingreso es tan estricto que sólo consiguen entrar los alumnos provenientes del sector privado, quienes a partir de ese momento ya no deberán pagar su educación. Los pobres, en cambio, terminan abandonando la idea de concurrir a la facultad o deben arreglárselas para abonar los costos de una universidad privada.

En consecuencia, un arancelamiento de las universidades estatales no sólo sería equitativo, sino que permitiría financiar mejor la enseñanza primaria y secundaria del sector público. El Estado brasileño gasta por cada alumno universitario –generalmente rico– dieciséis veces más que por un alumno de escuela primaria o secundaria –generalmente pobre–. ¿Qué tal?

Quizás mirar a otro país nos aclare la visión. Porque entre nosotros ocurre algo parecido. El 28 de febrero pasado informó la UBA que el 53% de sus alumnos proviene de colegios secundarios *privados...* donde por supuesto ¡pagaban arancel! La universidad pública, sostenida por toda la sociedad, los exime de ello. ¿Por qué? Además, se difundió que seis de cada diez estudiantes trabajan; es decir, por lo menos cuatro gozan de excedentes, les alcanza el dinero. ¿Tampoco éstos deben aportar a la universidad pública? ¡Qué generosos somos! ¡ni siquiera cobramos a los que pueden pagar! Curiosa forma de ser solidarios y ecuánimes.

Pero no quiero cerrar el tema sin mencionar aspectos paradójicos, que hacen encantadora nuestra condición de argentinos, pese a ser tan difícil. Un número considerable de egresados de las universidades públicas sigue siendo bueno, según datos de las oficinas que otorgan becas Fullbright y el British Council. Una parte de los egresados que se van al exterior consigue posiciones relevantes. El cuerpo docente, pese a los salarios de miseria, trabaja con una pasión y generosidad que quisieran tener en otras latitudes (también hay docentes autoritarios, desactualizados e incapaces). Estos datos positivos, sin embargo, no alcanzan para mantener prohibida una discusión a fondo, sincera y desprejuiciada, sobre los puntos que deberíamos modificar a fin de que nuestras universidades sean los faros y usinas que la comunidad requiere.

Mientras se insiste en que la sociedad del futuro es la sociedad del conocimiento, en la práctica continuamos dejando su implementación para después. Se acepta que la riqueza de las naciones estribará cada vez más en sus recursos humanos, pero las decisiones que logren preservar y mejorar esos recursos se postergan *sine die*. En educación, tanto como en otras áreas, asquea el mal aliento del doble discurso.

Lo paradójico es que la dirigencia argentina *cree* que, en efecto, la educación es cardinal para nuestro desarrollo y ventura. Pero no sabe cómo apuntalarla. ¡No sabe! Algunos sostienen que la cuestión se resolvería con un drástico aumento del presupuesto. Otros replican que serviría apenas, debido a que se ejecuta mal o lo mastica la burocracia.

Al presupuesto insuficiente (sobre esto no hay discusión) y mal ejecutado (sobre esto tampoco hay discusión) debe añadirse la epidémica deserción estudiantil, la incesante caída de los sueldos docentes, la falta de actualización y capacitación, la miserable inversión en infraestructura y, como dulce de leche para el repugnante flan, el desprestigio de quienes enseñan o investigan. ¿Quién supone que en la Argentina tendría buen futuro con la docencia o la investigación científica? Únicamente un santo, o un loco.

Hubo intentos para corregirla. Claro, hubo intentos. La administración menemista puso en marcha una reforma educativa que —se afirma— fue copiada de España. Pero resulta que en España ya había fracasado. Compramos mal… Mientras multiplicábamos los chistes en contra de los gallegos, les plagiábamos lo que más se vincula con el conocimiento. ¡Somos tan piolas! Es para sacar balcones. Este cambio "revolucionario" se basaba en la incorporación de un sistema llamado *polimodal* que, en teoría, facilitaba la inserción en el mundo del trabajo. En teoría. Por eso sus críticos denunciaron que se trataba de una hermosa maqueta de laboratorio, ajena a la realidad nacional. Merece el refrán "de buenas intenciones está pavimentado el infierno". Hasta el día de hoy, en los sitios donde se aplica, ni siquiera todos los docentes saben explicarlo bien, de ahí la frecuente confusión.

Para colmo, la rivalidad política determinó que se adoptara en algunas provincias y en otras no. El engorroso cambio generó mareos. Pasa que nuestro progreso no depende de preciosismos técnicos, sino de una firme toma de conciencia sobre valores que deben ponerse en marcha para recuperar el espacio y el tiempo perdidos.

No se trata de regresar al pasado, sino de sostener y actualizar las normas que funcionaron bien en el pasado y tienen altas posibilidades de abonar nuestro presente. En primer término, no olvidarnos de que el Estado sigue siendo en la Argentina la única organización en condiciones de financiar y proveer educación a las grandes mayorías. Pero esta postura no significa bendecir el monopolio estatal, ni dejar a un lado la intervención de otros agentes.

Junto a ese concepto, deberíamos rescatar valores como esfuerzo, jerarquía, conocimiento, método y ejemplaridad, que vigorizan los pilares de una buena educación. En la Argentina los hemos tirado a las cloacas.

Sobran ejemplos y contrastes. Extraigo algunos que brinda Guillermo Jaim Etcheverry en su libro imprescindible: *La tragedia educativa*.

- HONG KONG, CHINA
Mae W. Trabaja como secretaria. Está usando sus vacaciones para ayudar a su hija de 7 años a prepararse para la escuela. También la envía a un colegio en el que recibe formación suplementaria. En su cul-

tura, la educación de los hijos se considera una virtud tradicional que justifica la postergación de otras aspiraciones personales de los padres.

- JUJUY, ARGENTINA

El Ministerio de Educación promueve de manera automática a los alumnos primarios y secundarios de la provincia debido a los escasos sesenta días de clase que han tenido en el año por huelgas y otros problemas. No es la primera vez que en las jurisdicciones provinciales se recurre a esta fácil solución.

- HONG KONG, CHINA

Leung Fung Y. es un estudiante secundario que dedica un promedio de sesenta horas semanales al estudio. En época de exámenes escapa de su ruidoso departamento y no encuentra lugar en la biblioteca de su escuela, atestada a toda hora. Por eso se refugia en los salones de tránsito del aeropuerto internacional Kai Tak, donde puede estudiar en paz. Sin embargo, como casi la mitad de sus compañeros, Leung piensa que sus esfuerzos nunca bastan: sólo uno de cada veinte consigue un lugar en la universidad.

- ZONA NORTE DEL GRAN BUENOS AIRES, ARGENTINA

La indignada madre de Cynthia G. entrevista a una profesora de su hija y la interpela: "¿Cómo es posible que, con la cuota que pago, la nena traiga estas notas?". No le preocupa saber si las notas reflejan la ignorancia real de la "nena". Como paga, exige "buenas notas" a cambio. Otros padres, en circunstancias similares, van a la escuela junto con el alumno (y algún abuelo) y la emprenden a puñetazos con los profesores. Como ha observado un educador, antes los padres concurrían a la escuela para enterarse de lo que habían hecho sus hijos, ahora van para saber qué "les" han hecho a sus hijos.

- SEÚL, COREA DEL SUR

Frente al edificio de la universidad Sung Kyun Kwan, en una madrugada de invierno, los padres rezan abrazados a sus hijos antes del examen para el que los jóvenes se prepararon durante un año durmiendo cuatro horas diarias (dormir cinco equivale al fracaso). Al cabo de ese examen, ingresará a la universidad uno de cada cuatro aspirantes.

- MENDOZA, ARGENTINA

La familia R. M. está indignada. Rolo, el hijo mayor, acaba de ser reprobado en el examen de física del curso de ingreso a la facultad de Medicina. Aunque reconoce que al hijo nunca le gustó la física (¿"Para qué sirve la física?", piensan tanto el padre como el hijo), el señor R. M. se reúne con otros padres igualmente enfurecidos por la dificultad del examen. Deliberan, se asesoran. ¿Con un profesor de física? No, con un abogado. Deciden presentarse ante el juez y pedir su amparo. Motivo: "examen difícil". Reacciones semejantes se han producido en Tucumán, La Plata y en otras ciudades argentinas.

Es frecuente escuchar que un alumno consigue éxito porque es inteligente o tiene suerte. En consecuencia, tampoco su fracaso depende de él. La culpa está afuera, se debe a causas inmanejables.

Pero no se piensa así en otros países —ni se pensaba así entre nosotros—. El éxito dependía en primer lugar del esfuerzo y el trabajo sistemático, la "suerte" no participaba de esta ecuación. Si algo no marchaba como se deseaba, pues había que redoblar el esfuerzo. En cambio, en la Argentina de hoy suelen repetirse zonceras como "mi hijo no nació para las matemáticas" o "le cuesta porque no le gusta". La respuesta es: ¡le cuesta porque no la estudia, porque no se pela el traste ni se quema las pestañas! Por eso le cuesta.

Hay padres que se prenden a una solución genial: "entregan" sus hijos a los docentes con la expectativa de que no sólo funcionen como buenos docentes, sino también como perfectos padres sustitutos. Que los docentes cumplan la tarea de la que los verdaderos padres son desertores. Desean y esperan que les transmitan conocimientos, motiven, diviertan, contengan y, sobre todo, inculquen valores. Especialmente esto último, que es donde los verdaderos padres más fallas tienen. Olvidan que la primera y esencial escuela es el hogar.

Su irresponsabilidad (no saben poner límites, o no lo hacen por cómodos) determina que, cuando los hijos se desenfrenan, en lugar de apoyar las sanciones, defienden el delito. Entran en contradicción. Podemos ilustrarlo con la tradicional *vuelta olímpica* en el Colegio Nacional de Buenos Aires que, hace unos años, acabó en desmanes.

La justa reacción de las autoridades fue rechazada por los padres, ya que ni éstos ni sus hijos podían comprender que la impunidad no rinde buenos frutos. Ochenta y cinco estudiantes consideraron divertido profanar el edificio donde tienen la ventaja de estudiar y ofender a docentes y no docentes que allí trabajan. Las sanciones ya no podían dejar de aplicarse bajo riesgo de que jamás fuesen tenidas en cuenta las insistentes advertencias formuladas año tras año. Además, era imperativo destacar la vigencia de valores como el respeto, la responsabilidad y la solidaridad, tanto frente a los compañeros de otros cursos como al resto de la comunidad del colegio, y la obligación de cuidar el patrimonio histórico y cultural que representa el edificio. Se trataba de los tan cacareados valores.

Los padres no estuvieron al nivel deseable. Se soliviantaron contra el rector en vez de aplicarse a conversar con sus hijos y averiguar por qué necesitaban destruir y humillar. Se convirtieron en sus cómplices al no decirles que los ciudadanos de bien aman los monumentos, la ciudad, el país, y también sus colegios. No les señalaron algo simple y rotundo: que si en ese momento apoyaban sus faltas les estarían enseñando que delinquir era meritorio.

Frente a la educación hay padres que revelan un astigmatismo impresionante. Si les preguntan qué opinan, dirán —con un énfasis que sólo se pone en las grandes verdades—, que la educación es una porquería en todos los ámbitos del país. Pero si les preguntan qué opinan sobre los establecimientos donde concurren sus propios hijos, dirán que son muy buenos... Casi el mismo 70% que afirma lo primero, afirma también lo segundo. Esta doble vara ha sido corroborada por una serie de encuestas. La visión, casi autista, se torna grotesca cuando expresa satisfacción por lo mucho que sus hijos también aprenden en materia de valores, razonamiento autónomo, lengua, ciencias sociales y matemáticas. Es como si no cursaran en establecimientos de la Argentina, o como si dichos establecimientos fuesen cápsulas ajenas al sistema educativo nacional. Realmente asombroso. Son como príncipes asistidos por institutrices de otro mundo.

Al conocerse los patéticos resultados que arrojó la medición de la calidad educativa, el shock golpeó como un ladrillo. Un shock tan grande que ocupó la primera página de los diarios. Pero lo intolerable del hecho determinó que las críticas, casi de inmediato, se desplazaran hacia las fallas de la medición. No era preciso ser un experto para reconocer que se había puesto en marcha un mecanismo de negación tan estúpido como grosero. Se dijo, por ejemplo, que las muestras no eran representativas, que no tomaron poblaciones bastante amplias, que pusieron nerviosos a los estudiantes y otras pavadas por el estilo.

En 1997 la medición abarcó 130.000 alumnos de 5.420 escuelas primarias de todo el país. En 1988 se ocupó de 260.000 alumnos que completaban el secundario en casi 12.000 colegios. ¿No eran muestras representativas? ¡Vamos!

Además, las evaluaciones no pretendían reflejar un nivel de excelencia. Eso hubiera sido demasiado. Se conformaban con registrar el mínimo de conocimientos que debía tener un alumno. Y bien, ¿qué se descubrió? Se descubrió (año 1993) que los estudiantes del séptimo grado del conjunto de escuelas que funcionaban en el país sólo alcanzaban, en una escala de 1 a 10 (10 era el mínimo, no el máximo esperable) una calificación de 5,2 en matemáticas; en lengua, 5,3. Dicho de otra forma, ni siquiera sabían lo esencial, sino apenas ¡la *mitad del mínimo*!

Una catástrofe análoga fue comprobada en el nivel secundario, cuando en 1997 se analizó la totalidad de quienes lo completaron: la medición apenas arañó los 6,7 puntos. Es decir, bastante por debajo del mínimo.

Sorprendió que no hubiese diferencias significativas entre escuelas estatales y privadas. ¿Sería porque en las privadas, al tener que "pagar", los alumnos se hacían merecedores de "buenas notas" aunque no aprendiesen? Recordemos la anécdota de Cynthia G., en la zona norte del Gran Buenos Aires.

El argumento exculpatorio de algunos padres se basó en las dificultades del test. ¿Dificultades? ¡Mentira! Se trataba de operaciones y conceptos casi vergonzosos por lo elementales.

El oscuro panorama hiere nuestras vísceras al enterarnos de lo que sucede en el momento en que los estudiantes —con primaria insuficiente y secundario deplorable— quieren acceder a la universidad. Hay que prenderse fuerte de la silla. Veamos un ejemplo de horror: universidad de La Plata, ingreso a la facultad de Medicina, test con preguntas de nivel secundario, año 1998. De 1.727 alumnos examinados, el 84% no pudo responder... ¡a ninguna pregunta! Y del total, sólo un alumno contestó... ¡la mitad del examen!... Y aquí no acaba la cosa. El estudio demostró que el mismo grupo de alumnos hubiera fracasado en un 90% ante preguntas sencillas de matemáticas correspondientes al nivel primario. ¿No es escalofriante? ¡esos estudiantes ya habían concluido la secundaria! La situación no fue exclusiva de La Plata, y se reprodujo en otras universidades.

No debería sorprender, entonces, que en plena carrera del nivel terciario abunden alumnos que todavía sigan con problemas en la interpretación de textos, en la escritura y en el razonamiento lógico. Muchos no entienden los gráficos simples que suelen difundir los periódicos, cometen graves faltas de ortografía, ignoran dónde van los acentos y hasta tienen problemas para redactar una carta. Ni hablar sobre su desorientación histórica. Hubo exámenes en que se ubicaba a Napoleón antes de Jesucristo y otros en los que no pudieron ordenar cronológicamente figuras como Aristóteles, Carlomagno y Julio César. Un grupo de jóvenes recién recibidos, no sabía quién fue Marco Polo. Y suscitó una mezcla de risas y de lágrimas la aseveración de que la madre de San Martín se llamaba "Eulogia Lautaro".

La mala formación en los diversos niveles de la actual educación argentina se acompaña, además, por una deserción de tamaño descomunal. El 64% de los argentinos cuya edad oscila entre los 25 y 35 años no terminó el colegio secundario, ese pobre y defectuoso secundario al que hacíamos referencia.

Repito: 64%. En cambio, en Canadá sólo el 15% no lo terminó, en Estados Unidos el 13% y en Alemania el 14%.

Las causas de este deterioro residen en dos factores: primero, la escasa asignación de recursos asociada a su mala ejecución; segundo, los cambios en materia de valores y de metodologías. Si estos dos factores (no uno, sino los dos) se modificasen para bien, nuestro país podría recuperar el admirable lugar que tuvo. No exagero.

La visión optimista debería ser tenida en cuenta por la somnolienta dirigencia de nuestro país. Todavía la educación no se ha convertido en una preocupación dominante ni logró la jerarquía de un problema de Estado. Todavía nos quedamos aturdidos por las dificultades parciales (huelgas y salarios docentes, ingreso irrestricto, arancelamiento), sin comprender que hace falta una revisión a fondo, seria, valiente y patriótica. La Argentina le debe en gran medida a la educación su opulencia pasada. Y de la educación será tributario su progreso futuro. Países insignificantes, como Singapur, han logrado su desarrollo impresionante gracias a haber encarado la educación y la ciencia con desprejuicio, disciplina y tenacidad.

Veamos el primero de esos factores.

En contraste con lo que sucedía hasta mediados del siglo XX, ahora la Argentina invierte en educación menos que algunos de sus vecinos. De acuerdo con un informe de la Organización de Cooperación y Desarrollo Económico (OCDE), durante 1995 la Argentina asignó a la educación un 4,1% del total de su producto bruto interno, incluyendo los fondos públicos y privados. En cambio Brasil invirtió un 5,1% y Chile un 5,6%, lo mismo que México. Dan ganas de llorar si nos comparamos con los Estados Unidos, que invirtieron un jugoso 6,7%, Canadá 7%, Dinamarca 7,1%, Suecia 7,9% e Israel 8,3%. Así les va... así nos va...

Lo mismo ocurre si se compara cuánto se invierte por alumno, tanto en las escuelas públicas como en las privadas. En nuestro país se invierten 1.158 dólares por alumno primario y por año, mientras que en Chile la cifra trepa a 1.807 dólares. Pero esto es muy poco si tomamos en cuenta que Alemania invierte 3.361, Japón 4.065, Estados Unidos 5.371 y Dinamarca 5.713. La situación se torna irrespirable si nos fijamos en un cálculo realizado por la Unesco, según el cual los países desarrollados destinan un promedio de 115.220 dólares para cubrir las necesidades educacionales de una persona desde el jardín de infantes hasta la universidad. Recordemos: 115.220 dólares. En la Argentina esa cifra es de apenas 12.644 dólares.

Sin comentarios.

¿Qué decir de la remuneración a los docentes? Ahí estriba una de las causas más importantes del abismal descrédito que aflige a quienes deben ser vistos y tratados como los instrumentos de nuestro futuro. Pues a esos instrumentos los hemos mellado, oxidado y escupido. En términos absolutos, ajustados por el poder adquisitivo, el salario promedio anual de un maestro en la Argentina es de 6.165 dólares. En cambio, en Chile es de 10.600, en Estados Unidos asciende a 24.100 y en Alemania a 28.400. Quizá se entienda mejor el asunto si observamos la tendencia, porque expresa el ánimo que se inyecta en el espíritu del docente mismo. La tendencia revela, por ejemplo, que si un maestro argentino recibía 100 pesos en 1980, esa cifra bajó a ¡menos de la mitad en 1992! En el mismo período, en cambio, un maestro chileno subió a 120 y en Uruguay a 125.

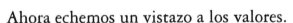

Ahora echemos un vistazo a los valores.

Ya denostamos el facilismo, la irresponsabilidad, el recurso de zafar y la desidia. En las últimas décadas se expandieron, además, tendencias o modas cáusticas como, por ejemplo, el desprecio al contenido de la enseñanza. La transmisión del conocimiento —que se hacía con la guía del docente y el respaldo del libro, ese amigo amado e infaltable— pasó a las sombras. Se proclamó que la enseñanza debía estar "centrada en el niño" (frase bella, pero ambigua). En los hechos condujo a que en muchos casos fuesen los mismos alumnos quienes decidían lo que se debía aprender, aunque sólo estuvieran interesados en las series de televisión.

Una cosa es reconocer que el niño es sujeto de derecho y que a menudo fue maltratado por ser niño y por ser pobre, y otra muy distinta es sostener que la educación pasa por el aprendizaje que los niños realizan por sí mismos. Este viraje pretendía corregir errores y pecados, pero no trajo beneficios a la educación. Si los niños se enseñan solos, ¿para qué los docentes? Pierden valor y hasta se consideran superfluos.

También se afirmó que, más importante que aprender matemáticas, lengua, física y biología, era reconocer los "sentimientos". En lugar de absorber las experiencias sedimentadas por el hombre durante siglos, se debían "vivir las propias experiencias". Si los maestros sabían algo que los alumnos ignoraban, mejor lo callaban, porque los estudiantes llegarían a descubrirlo por su dinámica autónoma. Y estarán libres de conocimientos caducos, parásitos o inservibles. En algunos establecimientos "de vanguardia" hasta se evitaba el término *maestro*, reemplazado por el de *facilitador*.

Se quería superar el viejo autoritarismo docente —que existió y existe, con su corte de arbitrariedades, injusticias y grotesco—, pasando al otro extremo, en el que ni siquiera se distinguen las jerarquías. Era preciso que el maestro no fuese superior al alumno, para que no afectara el desarrollo de la autoestima estudiantil. No había un supuesto saber por parte de unos y una supuesta ignorancia por parte de otros. No. La igualdad (mal entendida) debía mantenerse a ultranza.

Por cierto que esta metodología calzaba como un guante en los alumnos con deficiencias escolares. No tenían que demostrar sus progresos en ninguna materia. La evaluación no se centraba en los logros académicos, sino en la "socialización", la "solidaridad" y una presunta "seguridad interior" expresada por el desparpajo. Carol Innerst calificó al sistema de *locura metodológica*.

Lo mismo ocurre en el nivel secundario. La transmisión del conocimiento pasó a ser una Cenicienta. Una encuesta del Ministerio de Educación sobre las prioridades demostró que a los padres no les preocupa que sus hijos aprendan y se conviertan en seres plenos; desean en primer lugar que se los preserve de la droga y luego que se los entrene para una salida laboral. Un porcentaje notablemente menor piensa que el nivel secundario debe proveer información, un porcentaje más chico supone que debe desarrollar habilidades para solucionar problemas y ya casi nadie reclama que enseñe a aprender.

Quienes suponen que es obsoleto transmitir conocimientos porque éstos cambian en forma continua, padecen una seria confusión. Es cierto que la ciencia y la tecnología abandonan "verdades" de otra época, que se modifican los paradigmas y que hace falta tener flexibilidad para adaptarse a los cambios. También es cierto que las fronteras del saber se ensanchan minuto a minuto. Pero los fundamentos de la ciencia y del saber, la gimnasia del pensamiento y la porosidad en el aprendizaje, no están sometidos a cambios rápidos.

Es indudable que mientras más sólidos sean los conocimientos de base, más grande se abrirán las alas para subir a los descubrimientos recientes. "El mundo no es algo nebuloso y vago que está ahí, flotando libremente, esperando nuestra opinión –dice Chris Woodhead, alto funcionario educativo inglés–. Es algo sólido y real; y una educación que no enseñe a los jóvenes que nada se logra sin paciencia y autodisciplina, es una educación que no vale la pena adquirir."

La revolución en comunicaciones ha generado expectativas saludables y también falsas. Cuando se difundió el teléfono se creyó que el viejo y tan fecundo género epistolar iba a desaparecer; ¿quién perdería tiempo escribiendo cartas cuando resultaba tan cómodo y fácil levantar un tubo? Sin embargo, con la invención del fax y el rapidísimo despliegue del correo electrónico, se escriben más cartas que nunca. Al expandirse la televisión se supuso que las imágenes iban a reemplazar el lenguaje escrito; ¿para qué leer lo que se podía ver en una pantalla? Sin embargo, Internet no se desprende de las palabras y quien mejor navega en sus procelosas honduras es quien mejor y más rápido lee.

En consecuencia, ¡no hacerse ilusiones cómodas! Es necesario, más que nunca, volver a las bases: saber leer, saber escribir, saber calcular, saber abstraer, saber razonar y tener conocimientos de muchas áreas.

Quienes esperan que la computadora resuelva todo y quienes anhelan que la escuela y el colegio se limiten a preparar los estudiantes para el mercado, tendrán una fea sorpresa. El mercado cambia y nadie sabe qué demandará en unos años. La informática sin fundamentos humanistas se corrompe en entretenimiento improductivo. Contra lo que se podía esperar, en los países opulentos numerosas empresas contratan a filósofos... para que enseñen a pensar. Es que hay modos alternativos de acceder a la realidad, que jamás podrán ser transitados por quienes cultivan la ignorancia.

Capítulo VII
El nuevo lenguaje

Ya no hablamos como antes, y eso puede ser bueno y malo. Hemos cambiado. Ni siquiera hay que saltar de generación, porque en el transcurso de pocos años se producen novedades importantes. El dinamismo de todo lenguaje desconcierta por su rápida e incesante evolución. Cuando se suman años y se dispone de buena memoria, resulta a la vez divertido y amenazante: palabras y expresiones se vuelven presencias cotidianas, mientras las que antes predominaron se deslizan al ridículo o quedan olvidadas. El lenguaje mantiene una perpetua relación dialéctica con la sociedad; sus caminos se cruzan e influyen de tal forma que resulta imposible determinar los instantes del viraje. "Así como habla la gente, así es la gente", sentenció Borges.

Nuestras peripecias históricas fueron desarrollando un lenguaje argentino matizado. No hace falta resaltar lo obvio: el origen latino y español (el español a su vez influido por muchas lenguas). Pero sí recordar que fue generosamente enriquecido por palabras, usos y costumbres de las áreas rurales primero, y luego de las corrientes inmigratorias. Hubo una época en que se alternaba el culto hispanismo de un Emilio Castelar con salidas propias del *Martín Fierro*. Pero, a la vez, se incorporaban cientos de italianismos. El lunfardo se expandió intrépido y hasta el cocoliche llegó —rengueando, pero llegó— al escenario de sainetes, dramas y comedias. Se tornaron comunes vocablos del ídish, árabe, alemán y gallego, además de sus respectivas entonaciones.

Los sectores cultivados sabían francés y, como ocurría en Europa desde el Atlántico a los Urales, mechaban cualquier frase con un galicismo bien pronunciado, ya que disparaba un toque de distinción. Algunos profesores de la secundaria o la universidad solían emperifollarse con latinajos, como una forma de no olvidar el remoto origen y, sobre todo, pavonear su erudición. No obstante, pese a las intensas relaciones comerciales y políticas con Gran Bretaña y pese a la admiración que se tenía por el sistema educativo norteamericano, el idioma inglés no penetró con fuerza. En ese sentido nos diferenciábamos de los demás países del continente, donde la presencia norteamericana era mayor. En Chile, por ejemplo, hasta se adoptó la palabra *cabro* para referirse a un individuo joven, haciendo una incongruente traducción de *kid*.

La situación ha cambiado de manera radical. Pareciera que el inglés, tan marginado, quisiera tomarse la revancha. Se lo estudia como nunca y atraviesa todos los resquicios de la sociedad. Claro que no somos la excepción. Los argentinos que a principios del siglo XX se asustaban por el exceso de expresiones italianas, quedarían atónitos al advertir la invasión actual de palabras inglesas que ya son parte del lenguaje cotidiano. No se trata sólo de aquellas que impone el progreso científico o tecnológico, y para las cuales no existen buenos equivalentes en la lengua de Cervantes y Calderón, sino de palabras en absoluto innecesarias, pero que develan lo que se anhela aparentar. Antes francés, ahora norteamericano. Con ambivalencias, por supuesto. Los mismos que no renuncian a la fobia antiyanqui se la pasan haciendo buches con anglicismos de cualquier ralea.

Años atrás los agitadores pegaban carteles o *afiches* (galicismo); ahora pegan *posters*. Los empresarios hacían negocios y ahora hacen *business*. Los jóvenes se divertían en fiestas y ahora la pasan bomba en *parties*.

Cuando se preparaba la canasta de un *picnic* (galicismo) se usaba la vieja fiambrera que, por elegancia, ha sido reemplazada sin hesitación por el *tupperware* (la fiambrera suena a ordinario y hace recordar las moscas).

Los chicos leían historietas que ahora algunos llaman *comics*.

La gimnasia se dice *gym* y a los ejercicios que mejoran la capacidad respiratoria, *aerobics*. Caminar es mucho más efectivo si lo calificamos de *footing*. Si nuestra capacidad física nos impulsa a desplazarnos entre arbustos, troncos, piedras y abismos, practicamos algo tan sofisticado que merece llamarse *trekking*.

A las insignias solíamos denominarlas distintivo, emblema, enseña, divisa, marca o lema, según la exactitud que demandase una específica situación. Pero ese palabrerío fue reemplazado por el breve y contundente *pin*.

De la misma forma los homosexuales que, según la adhesión o el prejuicio, se identificaban de distinta manera, ahora eliminaron los equívocos gracias a la neutra e inconfundible palabra *gay*.

Las comidas frías son *lunch*, la comida rápida *fast food*, la provisión de alimento *catering*. Las masitas tienen mejor sabor si las pedimos con el sonoro *cookies*. En vez del vulgar tocino es mejor decir *bacon*.

Si el trabajo o el estudio necesitan de un recreo, exclamamos ¡*break*! Lo mismo entre sesión y sesión de un congreso o de lo que fuera. Cuando esa pausa pretende ser animada con una escapadita al bar para comer un sándwich (hace rato que preferimos sándwich a emparedado), nos dirigimos a McDonald, Burger King o TGFridays para ingerir *patys* o *hamburgers*. Y si sólo deseamos beber una cerveza, ingresamos al *pub* más cercano.

Por supuesto que no es lo mismo jugar con ventaja que tener *handicap*.

Las viviendas hace rato que cambiaron el vestíbulo por el *hall*.

Los centros comerciales —hijos modernos del atiborrado almacén general que conocieron nuestros padres y abuelos— han desaparecido. En su lugar se erigieron los *shoppings*. Quienes viajan y conocen mejor el mundo, saben que tampoco *shopping* es la palabra justa, porque derivaría de *shopping-market*. La palabra justa es *mall*.

En los últimos tiempos los negocios no hacen descuentos, sino *sales*. Aquellos establecimientos provistos de buen *marketing* (es decir, los que mejor promocionan su *stock*) fijan carteles que rugen: *sale 30% off*. La palabreja *sale* se ha impuesto pese a que en un comienzo espantó a los clientes monolingües, porque interpretaban que les estaban ordenando mandarse a mudar: ¡sale! ¡sale de aquí!

En el campo del comercio los aportes del inglés no se limitan a lo dicho hasta ahora. Las franquicias comerciales adquirieron una jerarquía legal inconfundible: *franchising*. El autoservicio se llama *self service* y la entrega a domicilio se conoce como *delivery*. Los puestos de venta o hasta quioscos elementales ascendieron al nivel de *stands*. Un quiosco bien provisto donde encontramos diarios, revistas, libros, bebidas, recuerdos y hasta algún medicamento se llama *drugstore*. Un ejecutivo es un *yuppy* y un empresario, un *entrepreneur*.

El despido masivo no debe ser bocinado de esa forma porque suena cruel; mejor explicarlo con una voz más persuasiva: *downsizing*.

Los hombres han cambiado los calzoncillos obscenos por los deslumbrantes *slips*. Después de afeitarse ya no se usa colonia ni tónicos, sino un delicado *after shave*.

El jefe de oficina era jefe, y eso bastaba para reconocerle autoridad; quienes mantenían la herencia francesa decían patrón. Ahora fue sustituido por *boss*, seco y cortante.

Las relaciones públicas se llaman *public relations* y la secretaria, si uno quiere elevarle el rango sin mayor costo, puede usar el título de *assistant*. En el maletín casi todo ejecutivo o investigador lleva una *personal computer* y en lugar de la manoseada agenda, una *palm top*. Para comunicarse con el mundo puede enchufar su computadora a un teléfono y poner en marcha el correo electrónico llamado en forma breve y universal, *e-mail*. Si desea entretenerse con música durante las caminatas, las esperas o los viajes, no debe faltar entre sus artefactos el pequeño y noble *walkman*. En los aeropuertos puede ir al salón *vip* y allí codearse con el *jet set*.

El universo de la secretaria también se ha enriquecido con las innovaciones lingüísticas. No sólo accede a la categoría de *assistant*, sino que en vez de mantener la rutinaria correspondencia, hace *mailings* y su capacitación se llama *training*. Cuando le corresponde el *break* puede optar por dirigirse al *fitness* que, en casos de suerte, funciona en otro piso del mismo edificio. Ahí la asiste un profesor de gimnasia llamado *personal trainer*. En una de ésas encuentra a una amiga que se hizo *lifting* de párpados o de mejillas o a una *top model* que transpira su exceso de calorías. Si tampoco quiere aumentar de peso almorzará un *yogurt light* acompañado por *light coke* u otras gaseosas *diet*. Vestirse en forma rara pero llamativa es ser *fashion*.

Las niñeras se llaman *baby-sitters* y pronto, si dedican muchas horas al cuidado del bebé, *nannies*.

Si vamos al cine no compramos las entradas, sino los *tickets*. Y si necesitamos sonarnos la nariz o limpiar con cuidado los anteojos, tenemos a mano *kleenex* en vez de pañuelos de papel.

Nuestros sentimientos se llaman *feelings*, estar deprimido es andar *down*, un hueco de la memoria o de lo que sea se llama *gap* y perder la memoria u otras facultades es quedar *out*.

Las investigaciones se denominan *research* y pronto los deberes se conocerán bajo la terrible palabra de *asignements*.

Frente al televisor, conocido familiarmente como tele o tevé, nos divertimos con el *zapping*. Las entrevistas que tienen lugar en pantalla se denominan *interviews* o *talk shows*. Los locutores repiten a cada momento *OK* y el programa se somete a periódicas interrupciones para que transmitan los anuncios que ahora prefieren denominarse *spots*. La medición de audiencia se llama *rating* y tanto en la tevé como en la radio se marcan los niveles de popularidad mediante el *ranking*.

Finalmente, para pedir disculpas por no haber sido más completo e ilustrativo, me excuso de pedir perdón y digo, muy suelto de cuerpo, *¡sorry!*

Una serie anónima de expresiones contrastadas sobre la forma como se hablaba antes y ahora se ha expandido por el país mediante el correo electrónico. Son hallazgos que algunos argentinos han seleccionado y muchos sufrimos. Nuestro lenguaje, además de las palabras inglesas, incorporó expresiones que revelan un cambio de mentalidad. Son aguafuertes en miniatura de cómo sentimos y nos comportamos ahora. La conveniencia de incluirlos en este libro me recuerda la justificación que obsequió Borges a Leopoldo Lugones por haberse privado este último de su estilo deslumbrante en algunos poemas gauchescos; "esto prueba su sensibilidad y nos permite suponer que ocasionales fealdades eran audacias que respondían a la ambición de medirse con todas las palabras".

A continuación reproduzco el deslenguado rosario.

ANTES	AHORA
Flaca de mierda	Anoréxica
La calentura es mutua	Hay química
Busco hombre para acostarme	Busco alguien que me contenga
Estar en banda	Solos y solas
Espejitos de colores	Todo por $2
Don Juan me manda el pibe con el pedido	Delivery
Chabombas y ñocorpis	Lingerie
Seducción	Demostrar que hay efectivo
Bagayo	Lo que pasa es que no estoy producida
Me voy al boliche a ver si engancho algo	Me voy a chatear
La mina no entrega	La minita histeriquea
Curandero, brujo	Mentalista
Peluquería	Salón unisex
Rascarse las bolas, pero caro	Spa
Viajar a cualquier parte y como la mierda	Turismo de aventura
Trolo	Diferente
Piojo resucitado	Entrepreneur
Acomodado político	Asesor

ANTES	AHORA
Loco de mierda	Transgresor
Impunidad de delincuente	Fueros
Humildad	Perfil bajo
Tocar de oído varios temas	Consultor
Que no me joda nadie	Estoy en reunión
Trabajar en negro	Pasantía

Ciertos vocablos adquirieron reconocimiento nacional. Resultan inconfundibles e integran el lenguaje diario; incluso los utiliza la prensa seria.

Por ejemplo *trucho*. Cualquiera lo conoce. La Academia Argentina de Letras lo ha aceptado y definido como un adjetivo familiar que significa "falso, fraudulento". Una segunda acepción añade: "poco convincente, preparado para salir del paso".

Se lo ha utilizado como sufijo para dar nacimiento a neologismos de fragorosa elocuencia como el muy sonado *diputrucho,* quien usurpó una banca en el Congreso cuando el oficialismo no tenía quórum. O los billetes que imprimía la Casa de la Moneda con la imagen del entonces presidente de la Nación, conocidos hasta más allá de nuestras fronteras como *menemtruchos.*

Este vocablo refleja el imperio de la ilegitimidad y el fraude. Pone en evidencia la abundancia de objetos adulterados o carentes de la mínima calidad: relojes, cámaras, productos de marca, taxis sin licencia y hasta medicamentos. Se descubrieron abogados, médicos y un fiscal que no habían obtenido el título universitario. Todo eso no tiene mejor palabra de develamiento y acusación que *trucho*.

También existe en algunas regiones de España y en varios países de América latina, pero en ninguna otra parte adquirió el inconfundible significado argentino. Allí equivale a taimado y astuto; aquí ha cristalizado en lo peor que los taimados hacen.

Otro vocablo muy frecuente es *zafar*. También lo entiende cualquiera porque cualquiera hace uso y abuso de sus beneficios. La Academia Argentina de Letras lo define como un verbo intransitivo familiar que significa "desligarse de responsabilidades"; también brinda una segunda acepción, que es "superar un obstáculo sin demasiado esfuerzo". Es evidente que el facilismo y la irresponsabilidad que merodean en el subterráneo mental de mucha gente le ha dado notable difusión. Zafar es librarse de dificultades y obligaciones; zafar es también salvarse. Zafar, en síntesis, es sobrevivir.

Su origen tiene matices diferentes, pero se orienta hacia la categórica acepción argentina. Podría venir de una expresión española marinera que indica "quitar los estorbos de una cosa, liberar, desembarazar". También "escaparse o esconderse para evitar un encuentro o un riesgo". "Excusarse de hacer una cosa."

Zafarse, por otro lado, es perder los frenos. Salir de cauce o de riel.

Carlos Ulanovsky, en su libro *Los argentinos por la boca mueren*, agrega a estos vocablos otros dos que, en conjunto, formarían la grotesca tetralogía idiomática con la que nuestro país atravesó el cambio de milenio. Esos otros dos son: *aguante* y *bancar.*

Bancar —según el autor— es un neologismo que empezó a difundirse en la segunda mitad de los años 70, cuando las instituciones creadas para respaldar los ahorros dejaron de hacerlo y *desbancaron* a mucha gente. Ahora es frecuente escuchar "no te banco más", que significa no te soporto más, o no te tolero más. Por el contrario, bancársela es armarse de fuerza y paciencia para hacerlo; también asumir una responsabilidad. La palabra adquirió vuelo propio y casi ni recuerda su cuna exclusivamemte financiera.

Aguante, en cambio, tiene más parentesco con la resignación que con el resistir. "Si esto no es vida, lo que queda es aguantar", suele suspirarse en contextos límite. También equivale a *bancar* por dinero, aunque *aguantar* es más complejo que bancar, porque esto último es un sostén económico pasajero y el otro implica una obligación de respaldo. De todos modos, aguante también significa resistir y, más que eso, tener genuinas posibilidades de triunfo. Es, además, un grito de esperanza. Depende, como otras palabras polisémicas, del tono y el contexto.

Una mezcla de cultismo y desenfado se ha convertido en el lugar común de la mayoría de los medios masivos de comunicación. Esto abrió las compuertas a una interminable lista de palabras, eufemismos y metáforas que se repiten con aceptación creciente. Los términos provienen del lenguaje militar, futbolístico, psicológico o médico, del boxeo, la ingeniería y cuanta otra fuente se halle a mano. Poco antes de morir, Borges —es inevitable citarlo a menudo en un capítulo dedicado al lenguaje— disparó su ironía: "antes yo creía que era ciego; ahora vengo a enterarme de que soy un *no vidente...*".

La pelota en un partido se denomina *balón* o *esférico*. Luchar contra la corrupción es *combate* contra la corrupción. La reorganización se llama *reingeniería* y el fondo de una entidad es el *riñón*: riñón del partido, riñón del gobierno. Las etapas de un proceso, sea económico o político, son el primero, segundo o tercer *round*. Dirigir un programa o acción social, sanitario, educacional, es *comandar el operativo*. La prostituta es *trabajadora sexual*. El presidente es *primer mandatario*. Un acontecimiento cualquiera es *evento*. Los países atrasados son países *emergentes*. Respaldos financieros son el *blindaje*.

La palabra *culo* ha sido reemplazada por *cola*. Hasta por el ídish *tújes,* que difundió Tato Bores mientras hacía fintas con la alternancia de dictaduras y democracias. Pero casi nadie se anima aún a pronunciarla en un lugar de cierto nivel. En España se ríen de esta increíble muestra de pudor en un país donde el pudor es tan escaso. Una risible paradoja, si las hay, porque pareciera que en la Argentina estuviésemos obsesionados por esa porción del cuerpo a la que se exhibe de todas las formas imaginables, pero evitando llamarla por su verdadero nombre. El culo sirve para publicidades que van desde la venta de autos hasta golosinas, inmuebles, música, joyas, cerveza, promoción turística o restauración de la flora. Lo que venga, porque siempre un lindo culo pincha el ojo. Hay revistas cuyas tapas no pueden prescindir de su presencia por la amenaza de que caigan las ventas. El uso de prendas que casi no se ven para dejar lucir los pulposos hemisferios creó una moda que se llama —con el apoyo del inglés, por supuesto— *colaless*. La vieja expresión castiza no sólo ha sido sustituida por la zoológica *cola,* sino que, para mantener incólume su interés sexual, ni se mencionan sus funciones naturales: una es sentarse y la otra eliminar excrementos. Santiago Varela asegura en su diccionario humorístico que la *cola* puede servir hasta para la publicidad de un/a diputado/a, pero "para propaganda de papel higiénico, ¡jamás!".

Junto a un real empobrecimiento del léxico —quizás debido a esa causa— creció la hipérbole. La necesidad de transmitir admiración o cariño, por ejemplo, no se satisface elevando el volumen de la voz o moviendo las manos con más vehemencia que en Nápoles: se recurre a mansalva y sin moderación a títulos extremos como *¡ídolo! ¡maestro! ¡genio! ¡diosa! ¡divina! ¡mundial!*

Antes los argentinos rugíamos *¡pelotudo!* para denigrar a una persona torpe, lenta o estúpida. Es una palabra casi inexistente en otros países. Pero en los últimos años se impuso *boludo* con una ubicuidad sin paralelo. Lo caracteriza una polisemia infinita, porque sirve para todo, sea bueno o malo, para el saludo, para calificar, identificar, elogiar, denostar, exclamar, suspirar. Hay quienes lo usan cada dos o tres palabras; rellena cualquier hueco y reemplaza cualquier olvido. Tamborilea como muletilla, pero —¡vaya milagro!— consigue que la gente se entienda.

No le va a la zaga el término *forro*. Aquí el significado es preciso, sin medias tintas. Alude a quien es usado y desechado sin la menor consideración. La humanidad, pese a sus avances, todavía no ha logrado evitar que los seres humanos seamos números que, en gran medida, se descartan; esa desgracia la venimos padeciendo en la Argentina desde hace tiempo. En los más diversos campos de la vida ronda amenazadora la posibilidad de que uno sea aprovechado sin real afecto y luego pateado con indiferencia brutal.

Percibimos que hay forros en torno de nosotros y mantenemos abiertos los ojos para no caer en la volada. Muchos consejos suelen terminar con sonoro acorde: *¡No seas forro!*

El lunfardo encubría la relativa pobreza del lenguaje que padecía la franja social en que se lo hablaba invirtiendo las sílabas; de esa forma no sólo podía llegar a casi duplicar la dotación del léxico, sino adquirir un específico color. Algo parecido podría decirse del prefijo *re* que en los últimos años se prende a incontables palabras cuando alguien necesita acentuar o exagerar algo: sos un *re-loco*, te *re-quiero*, te *re-odio*, llegué *re-temprano,* te *re-necesito,* sos *re-linda*.

A mi hija menor le pregunté, cuando era muy chica, qué significaba rebaño. Y contestó: "Significa que me baño dos veces".

Podría generar otros equívocos. *Re-cato* no es cautela, reserva, sino que "yo *re-cato* muy bien el vino", por ejemplo. *Re-actor* nada tiene que ver con la energía, sino con un actor que actúa de maravillas su papel. *Re-batir* está lejos de refutación; significa agitar mucho en la batidora, batir hasta un punto exagerado. *Re-cesión* no se refiere a la economía, sino a aflojar más de la cuenta: "Le hice una *re-cesión* de padre y señor nuestro mientras negociábamos". *Re-gala* no es alguien que obsequia, sino una cena del jet set: "La recepción de fulano fue una re-gala". *Re-gata* no tiene que ver con la náutica sino con una chica demasiado provocativa y pegajosa. *Re-lajar* no es aflojarse, sino cubrir el piso con demasiadas lajas. *Re-parar* no significa enmendar un menoscabo sino poner a alguien firmemente de pie. *Re-pollo* no es una verdura, sino un ave cuyo carácter de pollo nadie puede discutir. *Re-tirado* no es un jubilado, sino un sujeto que cayó a la lona, que no tiene más dinero.

Mucha atención hay que poner cuando uno quiere buscar a alguien. La palabra *recoger* se prestaría a un malentendido atroz. Y, a propósito, el hispanísimo vocablo *coger* ha sido objeto de importantes consultas en los acuerdos sobre la lengua castellana, porque en la Argentina se ha convertido en una suerte de tabú idiomático debido a que se restringió a una sola acepción: "realizar el acto sexual". La Real Academia Española la aceptó de esa forma para América latina en un Comunicado de enmiendas y adiciones que difundió en 1985. Incluso los diccionarios de otros idiomas, cuando traducen su significado, suelen aclarar que la versión hispánica original no rige en la Argentina. En la Argentina, por el contrario, se la excluye de su acepción original y reemplaza por *agarrar* o *tomar* y, en ocasiones, por *levantar, alzar, atrapar*. Su resonancia sexual es tan intensa que hasta contamina otras palabras como *acoger, encoger* y la mencionada *recoger*. Incluso se esquiva el término *cojo*, sustituyéndolo por rengo.

Abundan expresiones que pintan momentos inolvidables de nuestra historia reciente. Tras los amotinamientos militares que pusieron en jaque a la democracia recién recuperada, el presidente Alfonsín procuró tranquilizar a la multitud con dos frases que se le volvieron en contra: "¡Felices Pascuas!" y "La casa está en orden". Cuando se insinúa el propósito de hacer lo contrario de lo que se promete, acuden a la memoria las imprecaciones del candidato Carlos Menem: "¡Síganme, no los voy a defraudar!" y los embusteros "salariazo" y "revolución productiva". Si uno se hace un tratamiento de belleza facial, la ligera hinchazón no fue producida por la inyección de silicona, sino por "una avispa", como *zafó* Menem sin inmutarse.

Las *internas* eran las saludables competencias que empezaron a cobrar vida con el retorno de la legalidad institucional. Primero en los partidos y luego en las demás organizaciones donde existía diversidad de opiniones y tendencias. Pero ahora se aplica a cualquier tensión o debate de la más insignificante entidad.

Pizza con champán es una síntesis de la estética menemista. Describe la vulgaridad de los "ricos y famosos" que nacieron y se consolidaron a la sombra de su régimen. Algo equivalente a lo que antes se decía sobre el mono vestido de seda... La frase fue consolidada por el libro del mismo nombre, de Silvina Walger. Como afirma Adriana Puiggrós, constituye la degradación del peronismo mediante el usufructo de los ecos que el lenguaje peronista aún transmitía. Era una bofetada a una sociedad empobrecida, cada vez más atestada de sectores desesperados, con un vaciamiento de valores incluso en la gente sencilla, indignada por la flagrante impunidad de los funcionarios. *Pizza con champán* actualiza el sabor de la antigua viveza criolla y nos mantiene ligados al reguero de vicios que la franja más sana de nuestro país se desespera por quitarse de encima.

El nuevo y actual lenguaje, del que hicimos una rápida descripción, nos expresa y devela. Lo practicamos y gozamos con mezcla de comodidad y encarnizamiento. Contribuye a identificarnos y lograr –de nuevo, siempre– que sea tan atroz y encantador ser argentinos.

Capítulo VIII

¡No es la economía, estúpido!

El presidente Bill Clinton tuvo la ingeniosa ocurrencia de exclamar en su campaña "¡es la economía, estúpido!". A pesar de los miles de kilómetros de distancia, los argentinos escucharon la frase y, embobados, se convirtieron masivamente a su visión. Resultó sencillo, porque habíamos pasado por décadas de marxismo vulgar y también por décadas de una especulación financiera tan desenfrenada que hasta el más ignorante atribuía el origen de todo a factores económicos y sabía de plazos fijos, créditos blandos, bicicletas, bonos, redescuentos, mesas financieras, sociedades *off shore*, cartas de crédito, acciones y demás serpentinas del perpetuo carnaval.

Desde el amanecer las radios repiquetean noticias vinculadas con el caldero de la economía. Deuda externa, incentivo docente, tasas de interés, capitales golondrina, inflación, recesión, estagnación, índice Nasdaq, efecto vodka, efecto tequila, efecto caipirinha, efecto anís, blindaje… Un diccionario de palabras que aturden y parecen contener la causa y el efecto de cuanto sucede en el devenir universal y, especialmente, en el argentino.

"Nuestro país está empantanado por razones económicas", se dice, se repite y se cree como en un dogma religioso. Antes era por la estatización, luego por la privatización; antes por la inflación, luego por la recesión; antes curó (por un tiempo) el Plan Austral, luego (no se sabe por cuánto tiempo) la convertibilidad. Siempre, siempre, la incesante corrupción. Plata, plata, plata. El país del *argentum*. Falta plata, se necesita plata, se roba plata, esperamos que se produzca una bíblica lluvia de plata. La plata curará nuestras penurias. Seremos el pueblo más feliz de la Tierra.

Pero no es así.

Una mínima objetividad en el análisis de la historia nos muestra que la inestabilidad económica está relacionada con la inestabilidad política y los reflejos morales de una sociedad. Es cierto que determinadas condiciones estructurales posibilitan el desarrollo, pero los factores sociales (léase culturales) abren, limitan o cierran cualquier posibilidad. La fortaleza o el descrédito de determinados valores promueven o no, por ejemplo, el crecimiento industrial, la cooperación interna, la estabilidad jurídica, la seguridad, los cuales a su vez influyen sobre los restantes componentes de la dinámica nacional. Dicho con otras palabras, depende de nosotros. ¡No es la economía, estúpido! ¡Es la cultura de un pueblo en el sentido más vasto de su acepción!

Durante años prevaleció entre intelectuales de prestigio la teoría de la dependencia. Ahí residía la clave de nuestro retroceso, pensaban. Y de esa forma lograban explicar todo. Tantas riquezas naturales y humanas no podían dar como resultado un país que resbalaba cuesta abajo sin cesar. Existía una causa potente, feroz, que estaba a la vista: fue la metrópoli en tiempos de la colonia, fue Gran Bretaña en el siglo XIX y parte del XX, fue el imperialismo yanqui después. Monstruos de los que era imposible desembarazarnos. Eran los chupasangre de nuestro pobre país.

Más aún: nosotros fuimos arrinconados en calidad de lastimosas víctimas.

Pero, mirándolo bien, ¡qué maravilloso es ser una víctima!

Claro; la culpa la tiene otro. Las derrotas no se deben a nada relacionado con nuestro empeño, imaginación ni constancia. Los poderes externos cierran la cuerda que nos ahorca o la dejan más suelta para que sigamos vivos, pero jamás la quitan de nuestra nuca. Merecemos gritar, protestar, quemar banderas extranjeras y seguir siendo como somos. Total...

Sin embargo, la integración con el sistema económico mundial (1880-1930), incluso bajo las condiciones de un pacto colonial en el que éramos tan sólo exportadores de materia prima, coincidió con la etapa de la opulencia. Duró medio siglo; no fue poco. Como era de prever, tenía que llegar a un agotamiento. Desde el Génesis en adelante se sabe que las vacas gordas alternan con las vacas flacas. En 1932, Gran Bretaña decidió marginarnos de su área, que era el Commonwealth; se acababa un ciclo afortunado. No lo pudimos entender y nos sentimos como un chico maltratado por su patrón. Hay chicos que buscan otro patrón y los hay más inteligentes aún que se las arreglan sin patrón; estos últimos, cuando llegan a triunfar, agradecen que los hayan obligado a abrirse camino por cuenta propia. Nos pasó eso. Pero no nos abrimos camino por cuenta propia. Faltó coraje e imaginación. Firmamos el pacto Roca-Runciman, que prolongó la agonía de un vínculo destinado a perecer. Nuestra mentalidad profunda nos jugó mal. Predominaba el conservadurismo, una dirigencia irresponsable y ociosa, vicios en la administración pública, clientelismo político, corrupción e impunidad. El país no estaba en condiciones de afrontar un viraje y se convirtió en un barco sin brújula, cuyo timón fue manoteado por tendencias contradictorias. La rica Argentina —esa Canaán de la leche, la miel y la plata que había cantado Rubén Darío— se dedicó a dilapidar su patrimonio.

Entonces, años después, llegó esa bendita teoría de la dependencia, que nos alivió el alma. No teníamos la culpa de nuestros problemas. Y tampoco tenía sentido procurar resolverlos por otra ruta que no fuese destruyendo la nefasta dependencia, rebelándonos de los monstruos que nos consumían. Si conseguíamos "liberarnos", las dificultades se resolverían solas.

Tomó cuerpo la alternativa de liberación o dependencia. Pero lo que no sabíamos era de cuál dependencia liberarnos. No sabíamos —aún hoy nos cuesta darnos cuenta— que hay una dependencia nefasta y muy difícil de extirpar, porque reside dentro de nosotros mismos.

Debemos preguntarnos por qué otros países también dependientes de metrópolis —y hasta *muy dependientes*—, se encaminaron hacia un destino tan distinto (sin guerrilla, sin levantamientos, sin represión, sin salvadores providenciales). ¿Qué les pasó a Canadá, Australia, Nueva Zelanda? Parece que no fueron los capitales, ni los intereses, ni las políticas extranjeras los determinantes del curso de su historia, sino el modo como esos capitales e intereses y políticas fueron tratados, influidos, aprovechados y acotados por la comunidad. Esos países, con estructuras y dependencias semejantes a las nuestras, llegaron a puertos magníficos.

Claro, también hay países a los que les fue muy mal, como casi todos los de África, pese a luchas y esfuerzos sangrientos.

En conclusión, la fascinante teoría de la dependencia se ha convertido en una higuera seca.

Hay quienes sostienen lo opuesto —en el bar, el

taxi o un asado–: la Argentina sería como Canadá o Australia si hubiésemos sido más dependientes aún, si hubiésemos fracasado ante las invasiones inglesas y nos hubieran convertido en colonia británica. Entonces hubiésemos adoptado las leyes *anglo* y habríamos florecido. ¿Es una teoría aceptable? No, me parece que no. El destino de un pueblo conquistado depende de sí mismo antes que del colonizador; depende de sus fuentes culturales más hondas: muchas ex colonias británicas están peor que nosotros, basta mirar el mapa de Asia, África o el Caribe.

Lo que empuja hacia una determinada meta son los valores, las actitudes y las convicciones arraigadas. Es cierto que los valores y las actitudes no son rocas inmodificables, es cierto que las experiencias históricas influyen siempre. Pero si esas experiencias no alimentan los valores de la creatividad, la responsabilidad y la legitimidad, entonces el pueblo seguirá atrasado y sometido.

Ya vimos cómo ha perdurado la feudal institución de la encomienda. El encomendero, que era dueño de vidas y haciendas, fue continuado por el caudillo y el patrón. Luego, por el Estado. Antes se esperaba que todo fuese resuelto por el olímpico poder de un hombre al que obedecían las mesnadas, después se exigió lo mismo del Estado gigantesco y ubicuo. Las experiencias sucesivas no diluyeron esa mentalidad de sometimiento, sino que la aumentaron. El clientelismo y el asistencialismo llevados a niveles extremos fueron un abono perjudicial. El Estado no sólo debía proveer puestos, pensiones y favores, sino tener la iniciativa en la producción. Esa creencia atrofió el talento, la responsabilidad y el coraje de los diversos sectores. El esfuerzo individual parecía idiota, porque resultaba mucho más fácil crecer bajo la vivificante garúa de privilegios que proveían conexiones e influencias.

Para demostrar que el problema viene de lejos, reproduzco un informe del presidente Frondizi, del año 1958. El país recién llegaba a los 20 millones de habitantes, de los cuales cerca de 2 millones eran empleados del gobierno de la nación y las provincias. En otras palabras, un 10% de la población se dedicaba a tareas no productivas (el porcentaje habría sido mucho más elevado si se lo relacionaba con la franja de la población que trabajaba). Pero lo peor es lo que sigue: ¡casi un 30% de los habitantes, es decir 7 millones de personas, cobraba algún tipo de salario estatal! Éramos los más voraces estrujadores del Estado que había en el mundo, a niveles que dejaban chiquitos tanto a Europa occidental, los Estados Unidos y el Japón.

No es la economía la culpable, desde luego.

Vicios de antigua data proclamaban que era conveniente mantenerse prendido a las ubres estatales, porque era más seguro, permanente y digno. Desde hacía centurias se consideraba que determinados trabajos sólo debían ser realizados por los siervos y otros —que requerían cuello blanco y uñas limpias—, por los hombres libres. Había un orden jerárquico. Quien cumplía tareas manuales o roturaba el suelo, no estaba a la cabeza, sino quien blandía la espada o cultivaba su inteligencia. En el pináculo de la sociedad se sentaban el terrateniente y el "doctor". La posesión de latifundios no se lograba mediante el esfuerzo personal, sino gracias a la herencia o los vínculos con el poder del Estado. En este sentido nuestras experiencias son antagónicas de las que se vivieron en las colonias de Norteamérica: allí el sudor dignificaba y la holgazanería era objeto de unánime repudio; sólo merecían respeto quienes trabajaban duro y honestamente. Los colonos no esperaban nada gratis.

En la Argentina, en cambio, se acuñaron frases que develan exactamente lo opuesto. Es frecuente, por ejemplo, escuchar lo siguiente: "¡Me sale bien este negocio y no laburo más!". Pero en otros países dicen: "Me sale bien este negocio y haré otro más grande o mejor". Aquí el objetivo es no laburar, es acceder al estatus del feudal gentilhombre que se la pasaba retorciéndose el bigote, seduciendo mujeres, exhibiendo buena ropa y dejando correr las horas de ocio en ocio. Esta mentalidad también ayuda a explicar el éxito de la lotería, el prode y cuantos juegos de azar se nos ocurra. "¡Salvate! ¡salvate!", significa ganar dinero de golpe, sin otro mérito que ser un jugador. Significa dejar de trabajar, de preocuparse, de tener responsabilidades.

La aparente osadía del gentilhombre y su afecto por el azar no niega sino que confirma su fatalismo. La vida de cada uno está predeterminada por fuerzas ajenas, llámense Dios o destino o imperio. De ahí que sea reacio al esfuerzo sostenido y prefiera la especulación. Las inversiones de aliento van contra sus gustos y hábitos, porque exigirán disciplina, sudor y un seguimiento prolijo. ¿Para qué?

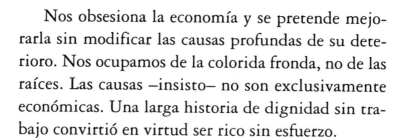

Nos obsesiona la economía y se pretende mejorarla sin modificar las causas profundas de su deterioro. Nos ocupamos de la colorida fronda, no de las raíces. Las causas —insisto— no son exclusivamente económicas. Una larga historia de dignidad sin trabajo convirtió en virtud ser rico sin esfuerzo.

No fue siempre así, claro. Ni son así todos los argentinos. Para mantener la ecuanimidad es preciso reconocer que millones de personas se esfuerzan a diario, responden a valores maravillosos y tienen arraigada una incorruptible nobleza. Pero estos millones padecen la profanación del clima nacional que realizan los ventajeros, los canallas y los irresponsables.

Para éstos vale la picardía, la trampa, la especulación y hasta la violación de la ley. No ponen la imaginación al servicio de la producción de riqueza, sino de su simple y llana *apropiación*. Recordemos que así lo hicieron los conquistadores y luego los encomenderos, caudillos, patrones, dirigentes sindicales y muchos políticos.

La exitosa organización nacional y el enriquecimiento vertiginoso operado desde fines del siglo XIX, tampoco estuvieron limpios de microbios. No fue un edén. Algunos autores aseguran que antes de 1880 hubo diversas clases de delitos, pero todavía no se usaba la *coima*. Parece que hizo su disimulado ingreso al cambiar de siglo. Pero en cuanto se expandió por la escena pública, inundó como la sudestada. Algunos historiadores calculan que alrededor de 1904 ya se destinaba cerca de un cuarto del presupuesto nacional a los sobornos. Es una cifra imposible de digerir, máxime si se piensa que su protagonismo mantuvo un incesante crecimiento.

La deletérea coima fue y es causa de indignación cívica. El radicalismo apareció como un movimiento inspirado por una ética que barrería con las prácticas del fraude y la corrupción del *régimen*. No obstante, el golpe de Estado de 1930 destituyó al radicalismo acusándolo de corrupto. Y ese argumento volvió a esgrimirse para terminar con gobiernos democráticos o dictatoriales porque, fuese verdad o mentira, la gente empezó a sospechar de todos. Con más o menos evidencias, las coimas siguieron haciendo de las suyas, imperturbables: se cuidaban en el comienzo de cada nueva gestión, y cuando advertían la persistencia de su vieja aliada (la impunidad), subían las apuestas.

Hoy tenemos la ominosa alianza de burocracia y corrupción. Se potencian, inevitablemente. Pese a que durante los 90 se vendió casi todo lo que el Estado podía vender (desenfrenada corrupción mediante), continúa un déficit fiscal enorme. Tampoco se acabó con la *corrupción estructural*, como le aconsejaron decir a Carlos Menem, porque la corrupción siguió por caminos viejos y nuevos con bríos renovados: sobornos a funcionarios, manipulación de las licitaciones, *retornos* (palabreja recientemente acuñada y hasta registrada en video en una operación del PAMI), sobreprecios con contratistas, desvío ilegal de recursos, maniobras encubiertas por la protección industrial, aprovechamiento político de fondos sociales, erogación suntuaria disfrazada de gasto necesario, apropiación personal de los fondos reservados.

El déficit fiscal —generado por los malos políticos, la burocracia, injustificables subsidios y una mala ejecución del presupuesto— no puede resolver sus obligaciones sin pedir plata prestada. Y este hecho desencadena una catástrofe. Porque los préstamos que solicita el Estado son gigantescos y provocan el vertical ascenso de las tasas de interés. Las tasas altas impiden el acceso al crédito de los particulares y de la pequeña y mediana empresa, lo cual bloquea la apertura de nuevas fuentes de trabajo, reduce el consumo y provoca quiebras en serie, desocupación, desesperanza y violencia. El monto total del gasto público argentino era de 66.000 millones en 1992 y subió a 93.000 millones en 1999. ¡Sufrió un incremento del 50% en siete años! Eran los años en que se vendían hasta las joyas de la abuela y había sido frenada la inflación. ¿Cómo se explica?

Nuestra famosa burocracia, en cualquier repartición que se examine, abruma. Mastica como las pirañas. Veamos un ejemplo: la justicia. Su burocracia consume el ¡32% de su presupuesto total! La justicia argentina gasta 646 millones de pesos anuales, pero sólo un 0,22% se destina a la tecnología. ¿Con esas proporciones accederemos a un poder judicial espléndido, rápido, eficaz? Esto mismo se aplica al resto de las reparticiones estatales; la proporción destinada a cumplir con los verdaderos cometidos se parece a una migaja residual, porque lo mejor queda en el camino. O antes que empiece el camino.

¿Qué sucede con las legislaturas provinciales? Es uno de los más vergonzosos escándalos de nuestra nación esquilmada. Un legislador de la pobre y remota provincia de Formosa bate los récords, porque le cuesta al erario público… ¡1.580.000 pesos por año! Pregunto: ¿cuánto gana un trabajador formoseño? ¿cuánto un comerciante? ¿cuánto un profesional? Es de suponer que el cerebro del afortunado legislador hierve de día y de noche para retribuir a sus conciudadanos con leyes de oro.

La lista de lo que ocurre en este rubro encoge de asombro, o se parece a un chiste de mal gusto.

Un legislador de Corrientes cuesta 997.436 pesos. Uno de Tucumán 1.004.878. Uno de Santa Fe 1.150.794. Uno del Chaco 1.200.000. Uno de la provincia de Buenos Aires 1.369.343. El de Santiago del Estero es el más humilde, porque sólo gasta 121.739 pesos. ¿Cuáles son los criterios para pagarle tan poco al de Santiago? ¿será que no baila bien la chacarera? ¿o se las arregla para obtener ingresos de otra forma?

El humor de Santiago Varela nos obsequia una definición de la palabra corrupto: "Funcionario, político y/o legislador que, amparado en frases tales como *Confío en la justicia de mi país... Primero tendrán que probarlo...* o *Es un nuevo ataque a mi persona...*, continúa disfrutando de la guita y de la fama como si tal cosa".

Mencioné la impunidad.

En mayo del 2000 se sancionó a un paseador de perros por haber matado a un bóxer de un puntapié en el hígado. El juez lo sentenció a pagar una indemnización y cumplir un trabajo comunitario de cuatro meses en un hospital público. Algunos consideraron insuficiente la pena.

Para la Argentina era un hecho insólito. Pero, débil o fuerte la pena, hubo sanción en un país donde la regla es esquivarla.

Hace un par de siglos –me ilustró Claudio Zin– el jurista italiano Cesare Bonessana, marqués de Beccaria, en su obra *Dei deliti e delle pene* brindaba un rotundo juicio sobre el tema. Decía que no importa la intensidad de la sanción, sino la seguridad de que todo delito, tarde o temprano, la recibirá. Aunque no sea grave, pero una sanción al fin. Ineludible, implacable. De esa forma se desalienta a quienes urden o cometen delitos grandes o pequeños; se expande una atmósfera saludable que empuja a encuadrarse dentro de la ley. El brazo de la justicia luce largo y perseverante. Los instintos destructivos del hombre se aplacan al convencerse de que les espera, ineludiblemente, un castigo.

En la Argentina se sucedieron escándalos de tal magnitud en la última década del siglo, que se los empezó a diferenciar entre escándalos a secas y megaescándalos. El libro *Robo para la corona* de Horacio Verbitsky conmovió a la opinión pública porque parecía una guía telefónica llena de nombres vinculados con la ilegalidad; mucha gente lo compró para averiguar si no figuraba entre sus páginas desbordadas de denuncias. Lo siguieron otros importantes libros de investigación periodística que en un país serio hubieran constituido un banquete para jueces y fiscales. El género de la investigación periodística obtuvo enorme éxito de venta y llenó el ominoso vacío que dejaba una justicia lenta, ineficaz y compuesta por muchos magistrados corruptos.

Los periodistas demostraron tener alto nivel profesional, porque casi nunca consiguieron desmentir sus acusaciones. Los periodistas eran, además, valientes; muchos de ellos sufrieron amenazas y agresiones. Trabajaron horas extras para hacer lo que no hacía el tercer poder, la justicia. Pero sólo estaban en condiciones de investigar y denunciar. El último eslabón, el decisivo y trascendental –la sanción–, no podía ser cumplido.

Y al no haber sanción, continuaba y se consolidaba la impunidad.

La impunidad es gangrenosa.

En cualquier sitio del mundo, pero sobre todo en la Argentina, es la sucia fuente de casi todos los males. Debemos tomar conciencia de ello.

En un artículo que publiqué sobre el tema, dije que los ejemplos sobre el sentimiento de impunidad que infecta el alma de los argentinos son tan numerosos que llenarían libros. Entonces me limité a contar dos hechos, muy chiquitos en comparación con los megaescándalos que llenaban a diario las noticias.

El primero se refería a lo que había visto el día anterior. Un automovilista abría su ventanilla para arrojar a la calle una lata de gaseosa mientras un policía lo miraba impávido. En otros países esta infracción le costaría una multa cuyo monto quita para siempre las ganas de volver a hacerla.

El otro ejemplo se refería a un turista argentino que recorría una limpia ciudad extranjera mientras hacía un bollo con una hoja de papel inservible. Lo dejó caer sobre la vereda. La persona que caminaba detrás lo recogió y le dio alcance. "Se le ha caído este papel", dijo. "Tírelo —contestó el argentino—, no lo necesito." "Tampoco esta ciudad", fue la respuesta.

Son tantos y tan variados los delitos que gozan de impunidad, que no alcanzan las neuronas para recordarlos. Como breve muestra, evocaré algunos de resonancia.

- El *Swiftgate* (1991), por la denuncia del embajador norteamericano respecto de las coimas que determinados funcionarios exigían a empresas de su país.
- Compra fraudulenta de guardapolvos por el ministro Eduardo Bauzá (1990).
- Escándalo que protagonizó la cuñada del Presidente al traer valijas llenas de dólares en una obvia operación de narcolavado.
- Pasajes truchos operados desde el despacho del senador justicialista Jiménez Montilla (1991).
- Venta de leche podrida, que involucró a personajes del más alto círculo del poder.
- Escándalos inmobiliarios en Somisa, intervenida por el sindicalista Triaca.

- Fraude de los juguetes realizado por el vicegobernador santafesino Vanrell.
- Irregularidades en Migraciones debido al otorgamiento de documentación a controvertidos personajes como Al Kassar.
- Desvío de fondos destinados a uniformes militares en el Ministerio del Interior conducido por José Luis Manzano (quien habría dicho "robo para la corona").
- Extensión de certificados falsos en la exportación de carnes.
- Malversación de fondos previsionales denunciados por los diputados Moreau y Santín.
- Corrupción en el programa de las escuelas-shopping de Buenos Aires.
- Detención *in fraganti* de funcionarios del PAMI mientras repartían sobres con "retornos".
- Mafia del oro (1996).
- Evidencia sobre los nefastos operativos de una Aduana paralela. Asesinato del brigadier Etchegoyen (que se intentó hacer aparecer como suicidio).
- Asesinato de Pochat, auditor de Ansses.
- Yomagate.
- Uso político de los ATN por parte del Ministerio del Interior.
- Venta ilegal de armas a Ecuador y Croacia.
- Coimas de IBM al Banco Nación.

Y, como dijimos, esto es apenas una muestra liliputiense. Podríamos seguir a lo largo de páginas y páginas. Ni siquiera ingresamos a fondo en las pobres provincias, donde se realizaron delitos que ponen los pelos de punta y revelan el grado de sometimiento feudal a las que muchas aún están condenadas.

Ante semejante lodazal, ¿podemos seguir afirmando que las causas de nuestro deterioro son fundamentalmente económicas?

La corrupción (un acto cultural, ligado a disvalores) fija al estancamiento y el subdesarrollo. Y la corrupción mantendrá su obstinación destructiva mientras siga amparándose en la impunidad.

Durante la década del 90 bailó con pizza y champán la grotesca farándula de los transgresores que *no hacían guita trabajando, sino robando*. El ejemplo se derramaba desde la cima del poder como nauseabunda lava. Casi al comienzo de la gestión menemista, el *proletario* gastronómico Luis Barrionuevo dijo que en este país nadie se hacía rico trabajando y que bastaba dejar de robar durante dos años para que se resolviesen todos los problemas. Era íntimo del presidente. Y si él lo decía...

La década del 90 podrá recibir muchos calificativos, y no faltará quien la acuse de extremadamente cholula. La frivolidad, cuando se torna un modelo, no se limita a convertir la masa encefálica en un callo plantar y el gusto en una cloaca, sino que ahonda la vulnerabilidad social. El frívolo es epidérmico, inseguro e invertebrado. Es quien pierde con rapidez los valores y se deja seducir con vidrios de colores. Queda sin frenos morales ante la tentación ilegal. Por eso el crecimiento de la frivolidad es directamente proporcional al ascenso de la corrupción.

En 1989 sólo tres de cada cien encuestados había mencionado la corrupción como uno de los males del país. En 1992, ya fueron treinta de cada cien. Y en 1996 una encuesta de Gallup reveló que casi el 60% de los argentinos pensaba que una persona honesta no podía tener éxito en la Argentina.

En conclusión, ¡no es la economía, estúpido!

Para Enrique Valiente Noailles "Menem fue un impecable producto de esta sociedad, un espejo en el que nos hemos mirado y del que hemos quedado malditamente enamorados". "La era Menem ha funcionado como un gran casino —sitio que se usa a veces para el lavado de dinero—; sólo que en nuestro caso ha funcionado como ámbito de lavado de los valores que se transan día tras día en el mercado negro de nuestro comportamiento individual." Le reconoce méritos por haber hecho crecer el producto bruto, defender la convertibilidad y resolver el conflicto con Chile. "Pero la estabilidad, en particular, ha funcionado como taparrabos de la miseria de todo lo no económico." Gracias a Menem "hemos cumplido el sueño de degustar las delicias de la transgresión en una democracia estable". Su gobierno facilitó descargar la "inmoralidad colectiva" acumulada desde nuestros orígenes.

El término *menemismo*, mal que le pese a sus fieles, está henchido de connotaciones negativas. En primer lugar, se lo vincula con la corrupción. Una corrupción protegida desde la cima del Poder Ejecutivo, con presiones sobre el Poder Judicial y el Congreso. Pero, además, se lo vincula con el vicio del amiguismo, el desdén por los principios republicanos, la permanente manipulación de la justicia y un quiebre de los controles estatales. Como persona, Menem será recordado como el presidente que no tuvo escrúpulos en efectuar remodelaciones suntuarias de la casa de gobierno y la residencia de Olivos, construirse una mansión y una pista desmesuradas en Anillaco, hacer declaraciones jactanciosas sobre una irreal pertenencia al primer mundo, proteger funcionarios corruptos, usar la mentira como hábito, asumir el rol de víctima ante cualquier acusación seria, autoelogiarse sin pudor ("estoy a años luz de quienes aspiran a reemplazarme"), efectuar un manejo discrecional de los asuntos públicos y desvivirse por quedar en el poder.

Coincido con Valiente Noailles al verlo como un emergente de nuestra sociedad. André Malraux dijo que los pueblos no sólo tienen los gobiernos que merecen, sino que se les *parecen*. Una ancha franja de argentinos amó a Menem porque hacía lo que ellos hubieran querido hacer.

Pero hay otra franja que lo sufrió. Lo sufrió como una piedra en el zapato. Y no le perdona los decibeles de ajuridicidad que impulsó en nuestra patria, al extremo de que las reservas morales comenzaron a ser inundadas por el agua sucia de un pesimismo cada vez más denso. La corrupción debilitó al país y lo tiene paralizado.

¿Cómo se sale de esto? Los problemas culturales no se modifican enseguida. Sin embargo, algo hay que hacer. Bartolomé de Vedia escribió que "el drama de la corrupción tiene, también, aristas institucionales y legales. Allí es donde hay que empezar a golpear en el corto y mediano plazo. El rol fundamental, en esa tarea, deberá ser asumido por los órganos de control del Estado y, fundamentalmente, por el Poder Judicial".

CAPÍTULO IX

¡Aguante Argentina, todavía!

No me parece razonable creer que la Argentina recuperará los niveles de opulencia que tuvo a principios del siglo XX. Pero estoy convencido de que es objetivamente posible conseguir estar mucho mejor que ahora. Y esto puede lograrse en un tiempo breve. Si las fuerzas productivas del país se empeñan en mantener un crecimiento anual del 5%, en quince años alcanzaremos el nivel de prosperidad que ahora exhibe España. ¿Es mucho pedir?

España, desde su óptica interior —como sucede siempre—, critica y denuncia aquello que le falta. Pero nosotros, mirándola desde afuera, admiramos que haya reducido la desocupación a un dígito, que mejoró en forma notable su calidad de vida, que logra abultados excedentes para la cultura, la educación, la ciencia y la investigación, y avanza con paso ágil hacia los primeros puestos de la comunidad europea.

En las páginas anteriores he azotado los disvalores que perturban nuestra mentalidad. Ahora quiero darle unos pellizcos a la bestia del pesimismo, cuyas garras nos lastiman y doblegan. Entre nosotros se ha convertido en un signo de inteligencia ser negativo; quien, por el contrario, revela esperanzas en el futuro es descalificado como ingenuo o tonto. La cavilación trágica se ha tornado cotidiana, obligatoria. Si no se tienen al alcance de la mano noticias oscuras, hay que referirse por lo menos al mal tiempo. Pero algo malo hay que decir. Siempre.

El concepto sociológico de la profecía autocumplida logra un buen ejemplo con nosotros. Tanto repetimos que nos va mal, que nos irá peor y que no existe forma de corregir las desgracias, que terminaremos por hacer de esa posibilidad un callejón sin salida. Pero la salida existe, sólo que encontrarla y asumirla depende, en primer lugar, de nosotros mismos.

Dije antes que suele ser maravilloso sentirse víctimas (de los malos gobernantes, del imperialismo, de la globalización, del destino, del demonio). Siendo víctimas, no podemos sino ser amados por el recodo de la lástima. ¡Pobre Argentina! ¡pobres argentinos! Un país tan hermoso, un pueblo tan inteligente.

Nos venimos quejando desde tiempos inmemoriales con variados recursos, incluidos los de calidad artística. Pero la queja no aporta soluciones. Puede ser una catarsis y hasta un pasatiempo. Puede brindar la sensación de que algo hacemos, aunque no sirva para nada. Muchas veces se corre en la desesperación, pero mal. Se confunde agitación con movimiento. No es lo mismo.

A los argentinos nos cuesta dar el salto *de la protesta a la propuesta*. Los vocablos suenan parecido, pero sus significados son antagónicos.

La *protesta* es, casi siempre, un hecho pasivo. Expresa el malestar, el dolor o la angustia... para que otro venga a resolverlos. Es el bebé en la cuna que cuando tiene hambre chilla y cuando tiene frío llora; pero no está en condiciones de arrimarse el alimento ni abrigarse por sí mismo. Es un ser dependiente, minusválido. No sabe ni puede inventar la solución. Tampoco es responsable de lo que le sucede o sucederá. Su vida y su confort cuelgan de la decisión ajena.

La *propuesta*, en cambio, se formula desde la actividad. Es la mente adulta que examina el problema, que busca, encuentra y formula la solución más conveniente. Equivale a una actitud creativa. Refleja independencia y madurez. Los otros pueden ayudar, claro, pero en la medida que uno sepa conseguir su colaboración a partir de una decisión tomada por uno mismo. La propuesta, por último, entraña responsabilidad.

En efecto, quien propone es responsable de lo que ha propuesto, lo cual no es un asunto menor. Debe cargar con el eventual fracaso o tiene el derecho de celebrar su victoria.

Los argentinos, en cambio, nos hemos acostumbrado a quejarnos y protestar y, de esa forma, consolidar un estado de inmadurez que suele acompañarse de nostalgias autoritarias. Quienes sólo protestan dicen, en forma oblicua, que esperan un salvador providencial, que en el fondo del alma anhelan los beneficios del milagro llovido del cielo.

Pero la Argentina nunca conseguirá el estándar de España 2001 (o de otras naciones con las que nos gusta compararnos) por el camino de la queja, la nostalgia, el milagro, y su atmósfera desalentadora, el pesimismo. Lo conseguirá mediante la responsabilidad creativa, la consolidación de sus fuerzas morales, la racionalidad y el corazón puesto en lo bueno que —pese a todo— seguimos teniendo.

Sin caer en el triunfalismo que tanto daño nos ha hecho, pero venciendo también al monstruo de las peroratas pesimistas, vamos a efectuar un breve recorrido por los aspectos saludables de nuestro presente.

Se suele repetir que la Argentina siempre tuvo extraordinarios recursos naturales, aunque la mayoría de ellos ha sido mal explotada y otros ni siquiera se han comenzado a explotar. El territorio es enorme y dentro de sus fronteras caben holgados muchos países europeos ricos. Tiene variedad de climas, suelos, valles, selvas, salinas, ríos, montañas de diverso porte y una pampa fértil interminable seguida por otra menos fértil pero generosa para quien la sabe cultivar. Nuestras ciudades no fueron ni serán amenazadas por huracanes; los terremotos son infrecuentes.

Al país no le falta nada: petróleo, gas, caídas de agua para que sobre la energía eléctrica, yacimientos aprovechados y no aprovechados de todos los minerales que a uno se le ocurra proponer, bosques, praderas naturales y kilómetros de costa para la industria ictícola.

Sobre este último punto los noticieros excitan a la ciudadanía mostrando cómo decenas de barcos-factoría trabajan en el mismo borde de nuestras aguas territoriales para extraerles su tesoro. Y yo pregunto: ¿qué pasa desde nuestros puertos hasta la milla 199? hasta ahí y más allá de ahí deberían navegar nuestros propios barcos (o las compañías extranjeras con las que sepamos asociarnos bien) para recoger fortunas al alcance de la mano. Estarían cerca de la costa nacional y darían prosperidad a viejos y nuevos puertos. Entidades conservacionistas prestigiosas como la Fundación Vida Silvestre aseguran que el problema más grave se sitúa dentro de las 200 millas, porque desde 1999 los barcos-factoría gozan de un régimen de *charter* por el cual les basta con pagar un mínimo canon para llevarse grandes volúmenes con ridículas obligaciones a cambio. Es posible que funcionarios y mafias saquen provecho, pero no la Nación. Hay que perseguirlos y denunciarlos. La riqueza ictícola de la Argentina es inmensa y podría florecer una vez desarticulados los intereses que la mantienen paralizada porque son incapaces de liderar un gigantesco desarrollo del sector.

Nuestro país está ahora bendecido por la paz. Las arcaicas hipótesis de conflicto con nuestros hermanos del continente se han pulverizado. Si echamos una mirada al mapamundi veremos que hay pocas áreas donde en la actualidad se pueda asegurar que no hay ni habrán conflictos armados. En cambio no ocurre así en esta hermosa región austral del planeta.

Tampoco sufrimos conflictos estructurales de naturaleza étnica o religiosa. Por supuesto que existieron y persisten bolsones fascistas, prejuicios variados y sujetos que pueden etiquetarse como imbéciles peligrosos, pero la nación, en su inmensa mayoría, no está amenazada por la bomba de tiempo que implica el odio de raza o religión. La articulación de sus componentes culturales ha sido uno de los grandes triunfos que con orgullo puede exhibir nuestro pueblo, pese a las dictaduras y devastadoras regresiones que padecimos desde los tiempos de la Independencia. Por eso suenan disonantes las expresiones de rechazo contra los nuevos inmigrantes, a los que mentes estrechas les atribuyen el monopolio de algunos males, como la desocupación y la inseguridad. Debemos acabar con el hábito de poner la culpa afuera.

Pero la Argentina no es sólo una cantera inagotable de recursos naturales, sino humanos. Se sabe que estos últimos son quienes determinan en la actualidad la riqueza de las naciones. En términos comparativos, y pese a recientes caídas, nuestro pueblo luce un nivel de alfabetización superior al de casi todos los demás países de América latina. También está por encima de muchos asiáticos y africanos. La campaña de alfabetización emprendida con decidido apoyo político en la década de los 80 fue premiada por la Unesco.

Además, los argentinos revelan desde hace mucho una asombrosa receptividad para los avances culturales. Ya es un lugar común señalar que Ingmar Bergman, Carlos Saura y Woody Allen fueron mejor conocidos y más aclamados aquí antes que en otras partes, incluso en sus propios países. Ni hablar sobre el resto de las artes, sea en el campo de la plástica, música, teatro o literatura. La fuerte tradición editorial que se puso en marcha a mediados del siglo XX nos instaló a la vanguardia del mundo hispanoamericano, y llegó en la década del 60 a niveles de una explosión sin precedentes. Claro que después fuimos apaleados por dictaduras –una llamada "ilustrada" y a la siguiente mejor ni ponerle nombre– que provocaron un apagón cultural del que nos cuesta salir.

Pero vamos a salir. Estamos saliendo. Las reservas culturales no se han agotado. Conforman –junto con los defectos– nuestra fuente profunda.

Un dato interesante es que la población de la UBA creció un 38% en los últimos cuatro años (70.000 estudiantes más). Esta cifra impacta, porque en el capítulo dedicado a la educación hemos sido francos hasta la crueldad. Hemos disecado sin misericordia los lastres, errores y carencias que provocaron el descenso de la calidad educativa. Pero no podemos dejar de subrayar que los jóvenes argentinos apuestan al conocimiento. Pese a que muchos están contaminados por el truco de zafar (¡maldito sea!) y los frívolos modelos que se derraman por doquier como lluvia sucia, hay centenares de miles que quieren aprender a aprender, quieren saber, quieren inventar.

No pueden acceder fácilmente a la excelencia, por las razones que analizamos antes. Tampoco logran ingresar al mercado laboral. No consiguen remuneraciones ni condiciones apropiadas para continuar su perfeccionamiento o avanzar a buen ritmo en las investigaciones. Entonces se marchan al exterior. Pero llevan en el alma un sentimiento ambivalente, porque desean regresar. La Argentina que los ha formado bien o mal, sigue siendo un país maravilloso, y su pueblo, pese a medulares vicios, tiene rasgos entrañables. Se van como expulsados, como regalados. Nuestro país es uno de los pocos del universo que exporta neuronas entrenadas, que obsequia en forma gratuita al primer mundo profesionales cuya formación paga toda su sufrida población. No hay un grotesco más horrible. Y lo hacemos como si fuese natural, como si esas neuronas entrenadas no conformasen la más rica cantera de las naciones en el siglo que corre. Una cantera que existe, que es nuestra.

En síntesis, dejando al margen el error de perder tanta riqueza, asumamos que somos sus generadores. Una cosa es que no la sepamos disfrutar; pero otra, muy distinta, olvidar que la tenemos. La Argentina, entonces, no sólo es excepcional por sus recursos naturales, sino por sus infinitos y excelentes recursos humanos. Pocos países tienen abundancia de ambos a la vez.

También coinciden los extranjeros que nos visitan y estudian. El *New York Times* publicó un poema del escritor John C. Broome titulado *Asleep, or in coma?* (*¿Dormidos o en coma?*). Elogia a nuestra capital por sus parques, su estatuaria, sus vastos espacios y hermosos edificios, y asegura que es rival de cualquiera otra gran ciudad del mundo. También alaba el interior del país. Y canta a la gente: hombres elegantes y amistosos, de real gracia; mujeres de belleza poco común. Se exalta con los vinos, la carne, los cueros y los granos de primer nivel. Elogia a los jugadores de polo y de fútbol. Sugiere que se estudie la historia y la cultura de tan hermoso país. Y repite el estribillo: "¡Despierta, Argentina! ¿Dónde ha quedado tu autoconfianza?". Enfatiza: "¡Limpia tus calles, borra los graffiti, muestra a las visitas tu pujanza, porque eres mejor que la mugre! Un policía que exige coima o un funcionario que rapiña fondos públicos son vulgares ladrones. ¡Mételos en la cárcel!". "¡Despierta, Argentina! Yo te amo y amo a tu gente." "Argentina, comparte con el universo lo que eres. Compártelo como lo has compartido conmigo. ¡Eres el secreto mejor guardado del planeta! *Wake up Argentina, please!!*"

En el campo educativo nos reconfortan otros buenos datos.

Se puso en marcha un plan llamado *maestro + maestro* para disminuir la repetición de grado y el abandono de la escuela que afecta a millares de alumnos. La situación alcanza sus niveles más críticos, por supuesto, donde las aulas contienen más cantidad de estudiantes, las cooperadoras se revelan anémicas y la infraestructura desata el llanto.

Este plan ha comenzado en los establecimientos de los barrios más pobres de la Capital Federal. Consiste en agregar al maestro de grado un docente auxiliar que tiene varias funciones: trabajar en forma personal con los niños que muestran más dificultades, hacerse cargo del aula cuando el otro maestro sale a capacitarse o acompañar al docente principal en el desarrollo de las clases. En lugar de excluir a los chicos con problemas de aprendizaje y estigmatizarlos como repetidores, se trabaja con ellos en la misma escuela para hacerles remover los obstáculos, que a menudo no son graves.

El método tiene otros aspectos importantes: incluir a los padres, a quienes se les enseña cómo estimular a sus hijos, relacionar la lectura con el placer y fomentar la participación de todos mediante el aporte de materiales para la biblioteca y juegoteca, aunque sea con guías telefónicas, revistas, folletos y objetos fuera de uso.

En dos años esta innovación consiguió que el fracaso promedio del 17% bajase a la mitad.

Por otro lado, el Ministerio de Educación acaba de lanzar un programa que llegará a 14.000 escuelas y beneficiará a 1.200.000 chicos en todas las provincias. Repartirá 1.100.000 mochilas con libros de texto, cuadernos, lápices y mapas. El material será distribuido en camiones, helicópteros y hasta a lomo de mula donde sea necesario, con el apoyo de unidades del ejército en regiones de acceso difícil.

Más de 30.000 niños que hayan abandonado los estudios recibirán subsidios para volver a la escuela media y capacitarse para su inserción laboral.

De inmediato comenzará la reparación y ampliación de 1.325 escuelas. Además, otras 2.000 escuelas serán remodeladas con el trabajo de padres desocupados que recibirán una retribución por sus tareas.

El monto destinado a este operativo es de 220 millones de pesos. Pero, además, se acompaña de la decisión política de garantizar *por ley* 180 días de clase anuales, para dar un espaldarazo a los valores que el país necesita: constancia, esfuerzo y responsabilidad. En otras palabras, ni los materiales ni las tareas docentes permanecerán divorciados, como era la norma, sino que se unirán y potenciarán.

Con el mismo criterio se ha comenzado a elaborar el sistema de "padrinazgo científico". Es un comienzo de respuesta a las amargas y justificadas críticas que se formulan por el escaso interés que la ciencia posee en nuestro país. No hay duda de que falta una mejor presencia del mundo científico en la escuela primaria y secundaria. Urge promover el amor a la investigación. Para ello se reunirá a profesores del área ciencia de los colegios con investigadores de reconocido prestigio a fin de actualizar sus conocimientos y fomentar su entusiasmo. Además, se interesará a cien científicos argentinos de primer nivel para que dicten cien clases magistrales por televisión. Es una apuesta valiosa que, como tantas otras, no necesitó ser inventada aquí. El ministro de Educación en persona pudo verificar que en los Estados Unidos eximios investigadores concurren a los colegios primarios y secundarios para narrar su fascinante mundo.

---- ❖ ----

La asociación de recursos humanos y naturales ha desarrollado una de las industrias más lucrativas y trascendentales de las últimas décadas: el turismo. Antes sólo lo practicaban mentes exquisitas que marchaban en busca de lugares exóticos o depositarios del mejor arte que produjo la humanidad. Sus periplos eran comentados y admirados, porque se trataba de Goethe, lord Byron y personajes de parecido talento e inquietud. Pero la mayoría de la gente no se movía de su aldea; era una excepción visitar algo que estuviese más allá de una jornada de cabalgata; a lo sumo se leían las narraciones de quienes se aventuraban a tierras lejanas, desde héroes como Marco Polo, Benjamín de Tudela y los navegantes intrépidos que empezaron a multiplicarse luego del descubrimiento de América, hasta los informes de gobernadores y oficiales que comandaban las colonias de ultramar.

Pero en la segunda mitad del siglo xx empezó a crecer el fenómeno del turismo hasta niveles que ni siquiera pudo anticipar la más delirante ciencia ficción. Países, playas, bosques, montañas, ciudades y conjuntos artísticos que sólo eran visitados por una cantidad pequeña de curiosos, fueron objeto de una irrefrenable invasión. En lugar de provocar desastres, estimuló el desarrollo de infraestructuras, capacitó a mucha gente y determinó una toma de conciencia sobre sus beneficios.

La Argentina en este rubro, sin embargo, aún está en pañales.

Todos los aspectos vinculados con su aprovechamiento cabal recién empiezan. Ni la capacidad hotelera, ni los accesos a la mayoría de los sitios valiosos, ni el entrenamiento del personal, ni el comportamiento de la población, ni la publicidad, ni el cuidado del patrimonio natural y artístico lograron la altura que corresponde.

No obstante, y pese a las conocidas deficiencias, alrededor de 10 millones de personas hacen turismo en la Argentina. No es una cifra despreciable. En la última temporada estival, pese a los beneficios de irse al exterior por el alto costo del turismo argentino, se registró un aumento de casi el 6% con respecto a la anterior, lo cual se tradujo en 50.000 nuevos puestos de trabajo.

Es frecuente restringir las opciones a una media docena de lugares: Buenos Aires, Mar del Plata, Bariloche, Córdoba, Mendoza, Iguazú. Nuestra real oferta es mucho más grande que eso y podría multiplicarse por veinte. Falta imaginación, iniciativa, coraje y, sobre todo, perseverancia. Abundan sitios para los gustos más diversos y exigentes. Millones de brasileños podrían esquiar en las pistas que existen y en las que deberían habilitarse en los miles de kilómetros que tenemos de cordillera; con ellos aterrizarían capitales para construir hoteles y comodidades anexas. Europeos que se desesperan por yacimientos arqueológicos enloquecerían en los pucaráes de Jujuy. Quienes aman la paleontología pueden gozar de hallazgos impresionantes en casi todas las provincias. El arte colonial contiene riquezas inumerables. Y qué decir de la fauna y la flora, desde ballenas hasta bosques únicos de lengas y arrayanes. La lista es interminable porque el turismo bien encarado descubre filones de oro por doquier. Lo único que no tenemos ni hemos tenido es responsables del área que merezcan ser llamados responsables serios.

Ya formamos una clientela cautiva nacional, a la que se agregan cuotas interesantes de los países vecinos. Pero deberíamos convertir esos 10 millones de turistas en el doble y el triple rápidamente, con la llegada masiva de extranjeros, tanto de América del Norte como de Europa y Medio Oriente. No es un sueño imposible.

La publicidad que se realiza hasta ahora es dispersa y mendicante. Denuncio que no tiene penetración, sofisticación ni constancia. Se parece al juego de los francotiradores. Ni desde el gobierno ni desde los emprendimientos privados se hace lo mucho que se podría con un rubro de un efecto multiplicador incalculable.

Insisto, no obstante, en que entusiasma enterarnos sobre las bendiciones que ya derrama la asociación de nuestros recursos naturales y humanos en esta materia tan potente. Es una pista desde la que podemos despegar hacia increíbles alturas.

El atraso científico y tecnológico fue suplido en nuestro país mediante el ingenio. No es exagerado afirmar que los argentinos son capaces de arreglar casi todo con un simple alambrecito, trátese de aspiradoras, tractores, autos, televisores, microscopios, sierras, usinas, camiones y, tal vez, hasta aviones. Los esquemáticos técnicos extranjeros que asisten a tal proeza no lo pueden creer. Ante su asombro, dificultades creadas por una falta del repuesto exacto o por el deterioro de piezas fundamentales, son superadas en la Argentina con la hábil instalación de un alambrecito.

Es admirable.

Pero con un serio inconveniente: tanto éxito produjo el vicio de quedarnos embobados con el alambrecito. Siempre el alambrecito. Para todo.

No obstante, me parece que en los últimos años empezamos a superar ese recurso y nos inclinamos por otro más confiable: el rigor. Millones de argentinos estamos hartos de la ineficiencia y reclamamos la otra palabra, que rima con ineficiencia pero es su antónimo: *excelencia*. Sus resultados son más seguros y durables. Especialmente lo último.

No desprecio la escuela que para nosotros fue el alambrecito. Gracias a su flexibilidad y audacia, nos hicimos flexibles y audaces en materia de tecnología. Eso se aprecia cuando en otros países, con una consolidada herencia de disciplina y encuadres, los argentinos lucen su mente abierta, capaz de encontrarle la vuelta a cualquier problema. No elogio al chanta (¡se hunda en el infierno!) ni al irresponsable (también se hunda), sino a quienes no ceden ante *aparentes* imposibles.

Hay buenas noticias en otros asuntos.

La electricidad es satisfactoria, con fuentes hidráulicas y térmicas importantes. Hasta hace poco padecíamos largos y frecuentes apagones. Igual que el campo del turismo, este rubro tiene mucho de qué jactarse, pero mucho más por hacer, abaratar precios y favorecer el crecimiento.

Las comunicaciones han alcanzado un progreso impensable. Lástima que sus desproporcionadas ganancias no se volcaron en forma equitativa sobre la sociedad, pero la sociedad está ahora en condiciones de exigir los beneficios que corresponde, a reales precios de mercado.

Lo mismo se aplica a los demás servicios públicos. Hubo corrupción en la mayoría de las privatizaciones, falta de responsabilidad en los contratos, demora en las reinversiones y negligencias imperdonables de los entes reguladores. Las ventajas de la leal competencia fueron dejadas para más adelante. Pero –¡oh, noticia!– este "más adelante" acaba de llegar. Celebrémoslo y sepamos aprovecharlo con redoblada firmeza. De la tenacidad que ejerzan los consumidores en la defensa de sus derechos dependen los ajustes que harán las empresas de servicio.

La Argentina se autoabastece en casi todo, empezando por los alimentos. Además, no hay problemas insolubles en materia de rutas, aeropuertos y sistemas de transporte. Faltan inversiones y auditorías serias. Tenemos todo esto y podemos mejorarlo en grandes cifras.

Según estudios de varios centros, el agua del planeta se convertirá en un recurso cada vez más escaso para una densidad poblacional en aumento. La Argentina, un país con ríos caudalosos y lagos enormes, no tendrá problemas (si se esmera en cuidarlos de la contaminación).

En una década se triplicaron las exportaciones, pese al alto costo argentino. El promedio anual era de unos 8.000 millones de dólares y ascendió a 25.000 millones. Antes, los productos manufacturados, que abultan el valor agregado, constituían un quinto del total, y ahora ya alcanzan el tercio. Sin embargo, se escucha repetir que no exportamos lo suficiente. Es verdad. Pero exportamos. La cifra podría aumentar su volumen, lo cual no sólo depende de factores externos. Necesitamos imaginación, riesgo y agresividad en la presentación de los productos; bajar los costos mediante la eficiencia administrativa; darles mejor uso a nuestras embajadas; aprovechar los cientos de miles de argentinos que viven en el exterior y se sentirían felices de ayudarnos. Fuera y dentro del país disponemos de tropas que no movilizamos. Guy Sorman dijo estar asombrado ante el hecho contradictorio de que el pueblo argentino tenga tanto ingenio para todo, y tan poco para inventar productos que identifiquen la marca *argentina*.

Cuando en el exterior se dice Argentina, no sólo

hay dudas sobre su ubicación geográfica, sino que se la suele limitar a unos pocos mitos como Maradona, Evita y el tango. Habría que imponer otros. Abundan para cualquier mente fértil. Nuestra geografía, historia, folklore, anecdotarios, artistas, usos y costumbres son yacimientos ricos, apenas explotados.

Me sorprendió que en los diarios locales de Denver, ciudad norteamericana instalada al pie de las montañas Rocallosas, aparecieran cinco avisos de lugares que enseñaban a bailar el tango. Fui a uno de ellos y mi sorpresa creció al ver la cantidad de gente y de etnias que se reunían para asistir a la hora de clase impartida en inglés, por supuesto. Resultaba gracioso escuchar la palabra *oucho* cuando enseñaban el giro de ese nombre y la palabra *bouliche* cuando los profesores recomendaban visitar famosos sitios de Buenos Aires. Incluso organizaban charters y daban premios "para viajar a la Meca del tango". Mi asombro culminó cuando después de clase los expertos —ninguno hablaba castellano— se lanzaron a la pista con reconcentrado y admirable virtuosismo.

El humor gráfico que diariamente fluye en la Argentina, lanzado a cataratas, es una de nuestras más potentes reservas de energía anímica y moral. Las tiras de Quino son reproducidas en varios países de Europa, por sólo citar a uno de los genios.

¿Los argentinos no tenemos humor? Sí que lo tenemos, pero está reprimido, púdicamente disimulado. Cuando estalla, es potente, talentoso y audaz. No siempre nos tapó la fama de pueblo triste, como en los últimos años. Entre la melancolía del tango y parte del folklore, entre las mallas de un pesimismo ritual y estéril, se filtran chispas vivificantes. Un humor maravilloso.

Las dictaduras no pudieron resistirse de prohibir revistas, autores, programas, tiras y personajes que les quebraban el esqueleto. Estamos en deuda con mucha gente de inspiración y coraje, porque nos ayudaron a resistir y a tener esperanza. Como emblemas, rindo homenaje a las revistas *Humor* y *Satiricón* que, desde sus mismos títulos, libraron una riesgosa lucha contra el Proceso. Los autoritarios aborrecen el humor. Felizmente, la sociedad argentina contó con el antídoto de los creadores que hacen reír, sonreír y quitan insalubres velos.

Destaco el humor gráfico porque nos sobran los maestros. Pero también los tuvimos en otros géneros, empezando por los circos y el sainete. Todavía se recuerda a payasos del siglo XIX como el italiano Pepino y el inglés Brown, que hacían desternillar de risa antes de asomarse siquiera. Luego prosperó el teatro de revistas, que se convirtió en un clásico porteño por donde desfilaron figuras que alcanzaron extendida popularidad. Fue la plataforma de nombres que se hicieron célebres en el cine y en la televisión. Su fama se extendió por toda América latina: Pepe Iglesias, Niní Marshall, José Marrone, Luis Sandrini, Pepe Arias, Adolfo Stray, Pepe Biondi, Fidel Pintos, los Cinco Grandes del Buen Humor, Alberto Olmedo, Tato Bores, Jorge Porcel, Juan Carlos Altavista. La lista no se acaba. Hoy tenemos en plena actividad a Enrique Pinti, Antonio Gasalla, Jorge Guinzburg, Horacio Fontova, Roberto Petinatto e incluso a Raúl Portal y sus recetas para no ser *caracúlicos*.

Una referencia especial merece el grupo de excelentes músicos que empezó a causar furor a comienzos de los años 70 con el nombre de *Les Luthiers*. Combinaron inventiva, profesionalismo y extraordinaria libertad. No los frenaba ningún obstáculo, pero respetaban el buen gusto. Siguen vigentes, reconocidos más allá de nuestras fronteras y como un paradigma de lo mucho que puede hacer el humor de calidad.

No obstante los ejemplos de ese nivel, el humor de espectáculo ya no constituye nuestro fuerte. Lo ha contaminado la tilinguería, una perezosa repetición de modelos y —más venenoso aún para su grandeza— la complicidad con los poderosos de turno. En cambio ha pasado a un primer lugar el humor gráfico. Es uno de los mejores del mundo.

No nació recién. Se encuentran antecedentes admirables que vienen del siglo XIX, como la antológica revista *Caras y Caretas*. En 1936 apareció *Patoruzú*, que lograría una vasta aceptación y larga vida;

tuvo el mérito de dibujar un exacto perfil de arquetipos nacionales como el rígido coronel Cañones, su sobrino Isidoro (chanta y ventajero que sólo sabía despilfarrar fortunas), y referencias a una Patagonia mítica, inexplotada, profunda y llena de valores morales que personificaban el cacique Patoruzú y su hermanito Upa.

En esa publicación trabajaba Guillermo Divito, que una década después lanzó su propia revista llamada *Rico Tipo*. Coincido con Mempo Giardinelli en que Divito "fue el más grande dibujante humorístico que dio la Argentina". Identificó de forma indeleble personajes, modas y costumbres. En su apogeo llegó a superar el cuarto de millón de ejemplares vendidos por semana; durante los años 50 "se dio el lujo de rechazar avisos publicitarios porque no le alcanzaban las páginas".

Esas revistas desnudaban al argentino en sus vicios y obsesiones. Había cierto surrealismo, como surrealista es, a menudo, nuestra historia. Ciertas adjetivaciones alcanzaron decisiva popularidad y aún se utilizan sin conocer su origen como, por ejemplo, *cholulo, purapinta, chanta y falluto*. Dieron origen a personajes como Fallutelli. Otra tira de denuncia social fue *El otro yo del doctor Merengue*, porque desnudaba la hipocresía densa, maciza, de las clases media y alta.

Entre varios autores provocaron la eclosión de personajes con nítido perfil e hilarante conducta.

Eran oxígeno puro. Evoquemos a Pochita Morfoni (profetisa de la bulimia-anorexia que altera a tantas mujeres del incipiente siglo XXI), la imprevisible Ramona, el mágico Fúlmine, los ventajeros Avivato y Afanancio.

En la revista *Rico Tipo* tuvieron su bautismo de fuego autores como Oski, Landrú y el joven Quino.

A fines de los 50 Landrú fundó la temeraria *Tía Vicenta*. A partir de entonces el humor de costumbres se acompañó de descarnadas críticas políticas, retomando los buenos antecedentes que existieron antes del golpe de 1930. Era un campo que faltaba recrear. Desde entonces se venían soportando gobiernos autoritarios que ejercían la censura directa o indirecta. No era fácil criticar a los políticos, menos a los funcionarios. Durante el primer peronismo se castigó con la figura del *desacato* cualquier alusión enojosa para integrantes del régimen o, incluso, su mera filosofía. *Tía Vicenta*, luego, no tuvo empacho en referirse con nombre y apellido al presidente, sus ministros, legisladores y hasta militares. Los examinaba del derecho y del revés mostrando las fisuras que hacían pensar y reír. Captó el lenguaje porteño en sus asordinados matices y les puso un megáfono. Fue quien determinaba la suerte de los neologismos que brotaban en la calle o los cafés. Miró con lupa las tonterías y contribuyó a que la sociedad tomase conciencia de lo que evitaba reconocer.

Pero tanta libertad cayó mal al amargo general

Juan Carlos Onganía y *Tía Vicenta* fue prohibida. Desde Córdoba irrumpió entonces *Hortensia* porque el humor, como el enmascarado, no se rinde. Sus reporteros iban a las canchas de fútbol y ensanchaban las orejas en las calles y los barrios para registrar el incesante fluir de apodos, ocurrencias, críticas y chascarrillos que inventaba el pueblo; las páginas de la revista tenían el sabor de lo auténtico y, sobre todo, el ingrediente de la picardía provinciana. Fue una contribución a la integración nacional.

Ahora, en los primeros escalones del siglo XXI, la Argentina luce una delantera espectacular. Sigue Quino y, junto a él, una serie de nombres ante los que debemos hacer un saludo de admirada gratitud: Caloi, Garaycochea, Fontanarrosa, Maitena, Nik, Daniel Paz, Crist, Sendra, Dobal, Fati, Furnier, Jericles, María Alcobre, Ermengol, Rudy, Tabaré, Sciamarella. Son gemas de nuestro patrimonio.

Como cierre, debo referirme a uno de los fenómenos positivos más trascendentales de la actual situación argentina: el llamado *tercer sector* o *voluntariado social*. Es un cofre lleno de sorpresas.

Su multiplicación ha sido callada y constante. Fue gestado, parido y cuidado en diversos sitios del país. Lo alimentó un multitudinario anhelo de hacer el bien. No existen censos que brinden una noción exacta de cuántas personas lo componen. Su magnitud intentó ser evaluada por encuestas que no logran coincidir, pero hablan de cifras impresionantes, porque abarcarían ¡entre 2 y 6 millones de personas! Ellos movilizan recursos de enorme impacto. Su crecimiento es incesante y espectacular. Algunas evaluaciones afirman que durante el año 1999 realizaron tareas de solidaridad alrededor de un 20% de argentinos. Pero en el año siguiente la cifra trepó al 26%. Forman legión, con personas de todas las edades y una fuerte cantidad de jóvenes.

Componen esta franja las llamadas Organizaciones no Gubernamentales (ONG). No fueron inventadas, ni sostenidas, ni manejadas por los gobiernos de ocasión (felizmente). Tampoco han recurrido al erario público. En ellas pueden existir luchas por el poder o por el lucimiento personal debido a que las componen seres humanos, no extraterrestres. Pero son los organismos donde menos cabida tiene la corrupción y el negociado.

Se ocupan de todo: solidaridad, deporte, aprendizaje, ocio, religión, alimentos, seguridad, lucha contra la drogadicción, prevención de enfermedades, derechos humanos, vivienda, marginalidad, asesoramiento legal, hogares de día, educación, huertas comunitarias, ancianidad, medio ambiente, pueblos aborígenes, asistencia técnica, inmigrantes, primeros auxilios, emprendimientos familiares, talleres de expresión artística, y así en adelante. Algunas se dedican a un solo rubro y otras a varios. Confieso no poder resistirme a expresar mi afecto por ellas.

En 1987 convoqué a través del Programa de Democratización de la Cultura (Prondec) a un primer congreso nacional de ONGs. Fue una sorpresa, porque asistieron más de seiscientas entidades de todo el país (ahora son miles). Reinó un clima de fiesta desde antes de la inauguración hasta después del cierre, porque se les reconocía en forma pública y rotunda su importancia. No había antecedentes de gratitud oficial a su apasionada tarea. La ocasión fue propicia para que los medios de comunicación masiva empezaran a tomar conciencia sobre este fenómeno impar. Se tejieron puentes entre esas mismas organizaciones y de ellas con la esfera del Estado.

El Prondec garantizó que no existiría ningún tipo de coerción ni intromisión en sus estructuras, funciones ni objetivos, porque lo único que debía hacer el Estado era ayudarlas en lo que esas organizaciones espontáneamente solicitaran. Era preciso agradecerles su labor, facilitarles el acceso a los medios de comunicación masiva y proveerles la mayor cantidad de recursos posible, porque nadie los utilizaría mejor.

El tiempo transcurrió, llegó otra gente y ahora circula por la cámara de Diputados de la Nación un desafortunado proyecto de ley que estudian cinco comisiones. Resurgió el nefasto propósito de politizar un espacio de altruismo que se viene desempeñando con honestidad y eficiencia. El deseo de "regular" la *organización* del voluntariado no es lo mismo que regular sus *relaciones*, que sí corresponde al Estado. Juana Ceballos, de Cáritas, dijo que también se oponen las ONGs a la cláusula que pretende "tutelar a los voluntarios sociales", ya que "se tutela a quien es vulnerable, al incapaz, al menor, a quien no puede valerse por sí mismo". ¡Cuidado con avanzar en la dirección equivocada y terminar contaminando un estupendo espacio con leyes impropias! Si algunos legisladores quieren pasar a la historia, que se esmeren en otros proyectos que la sociedad necesita.

Solemos quejarnos sobre la falta de solidaridad. Pues bien, este voluntariado formidable lo desmiente. Millones de personas despliegan acciones humanitarias y trascendentales que tienen llegada segura. Superan a las ayudas que vuelcan con mucho alarde los organismos internacionales y nacionales oficiales, porque éstos se parecen a los tanques de agua perforados: cuando deben entregar el agua prometida, ya derramaron casi todo en el camino.

La ayuda social de los gobiernos nacional, provincial y municipal sería mucho más eficiente, llegaría en forma más segura y perdería menos en el largo y corrupto camino, si se realizara a través de este voluntariado. ¡Atención, porque la propuesta disgustará a muchos! Suscitará el enojo de quienes rechazan las olas; exige un cambio de ciento ochenta grados. Pero es urgente hacerlo, debido a una sencilla y escandalosa razón: la parte más abultada del millonario presupuesto destinado a la ayuda social se malgasta en los oscuros meandros de la burocracia, se destina a fines electorales y se presta a la rapiña de numerosos funcionarios. Además de que el dinero es poco (en relación con las necesidades de la población), se lo despilfarra. El pueblo sólo recibe las sobras. En cambio este voluntariado es parte genuina del pueblo y su participación eficaz y directa multiplicaría los beneficios, tanto materiales como espirituales. El dinero no sería usado para la vergonzosa manipulación de los pobres. El Estado sólo tendría que controlar el registro de las ONGs, auditar el cumplimiento de las misiones, apoyar su difusión pública y premiar a las ONGs más activas e inteligentes. Los montos, como por arte de magia, ascenderían al doble o más aún.

El voluntariado social está formado por titánicas columnas de argentinos que no se traban en la queja estéril ni en la protesta de los cómodos. No cortan rutas, no destrozan vidrieras, no llaman a huelgas políticas, no contaminan el aire con malas ondas, no bloquean el tránsito. Son los argentinos del progreso, no los de la destrucción irresponsable. Marchan con esperanza, pasión y tenacidad. Saben que al mal tiempo hay que ponerle buena cara, porque sólo así se conseguirá que hasta el tiempo cambie.

Confían en ellos mismos, creen que su labor es valiosa y aman acercarse a los demás. Por fin, transforman el individualismo desconfiado y rencoroso —acostumbrado a esperar que otros nos regalen la felicidad— en un individualismo que respeta y confía en sí mismo y, en consecuencia, respeta y confía en la buena voluntad de los otros. Es el individualismo de la creación, no de la demanda; de la libertad, no del control autoritario. Tener fe en el individuo les ayuda a tener fe en la sociedad, que está compuesta por millones de individuos como cada uno de ellos. De esta forma rompen el viejo estigma de que no sabemos trabajar en equipo. Desmienten los malos presagios que provienen de la tendencia a la pasividad. Exploran, inventan y hacen, sin miedo a ser calificados de inorgánicos o herejes. No aguardan el permiso de los mandamás de turno porque les sobra sensibilidad, conocen las necesidades de sus hermanos y tienen conciencia del extendido poder que representan. Son millones que, desde el fondo de su corazón, exclaman:

"¡Aguante Argentina, todavía!"

Índice

Esta edición se terminó de imprimir en
Grafinor S. A.
Lamadrid 1576, Villa Ballester
en el mes de junio de 2001.